Safari bei Ullstein

Safari bei Ullstein
Ullstein Buch Nr. 32057
im Verlag Ullstein GmbH,
Frankfurt/M – Berlin – Wien

Ungekürzte Ausgabe

Umschlagentwurf:
Manfred Siegler

Printed in Germany 1983
Druck und Verarbeitung:
Ebner Ulm
ISBN 3 548 32057 0

April 1983

CIP-Kurztitelaufnahme
der Deutschen Bibliothek

Harrer, Heinrich:
Die letzten Fünfhundert: Expeditionen zu
d. Zwergvölkern auf d. Andamanen /
Heinrich Harrer. – Ungekürzte Ausg. –
Frankfurt/M; Berlin; Wien:
Ullstein, 1983.
(Ullstein-Buch; Nr. 32057: Safari bei
Ullstein)
ISBN 3-548-32057-0
NE: GT

Heinrich
Harrer

Die letzten Fünfhundert

Expeditionen zu den Zwergvölkern auf den Andamanen

Safari bei Ullstein

Inhalt

Die Andamanen

Fernab jener Zivilisation, die sich in Autobahnen, Selbstwählfernverkehr, Kulturbetrieb und Atomzertrümmerung ausdrückt, sitze ich in einer kleinen Maschine der *Indian Airlines*, die mich zu den Andamanen bringen soll.

Ich denke zurück an die Zeit, als ich davon geträumt hatte, die Steinzeitmenschen von West-Neuguinea zu besuchen, ihre Sitten und Gebräuche zu studieren und – vor allem – jene geheimnisumwobene Stelle zu finden, an der sie ihre Äxte und Zaubersteine brechen. Dieser Traum war nach Monaten der Suche unter schwierigsten Umständen in Erfüllung gegangen. Die Eingeborenen hatten mich an einen Platz geführt, den sie *Yä-li-me* – »Quelle der Steinäxte« – nannten.

Ein wildes romantisches Tal von unbeschreiblichem Reiz. Wenn irgendwo auf dieser Erde die Steinzeit noch zu erahnen war, dann hier. Denn in dieser tropischen Felsschlucht mit ihrem wild dahinschießenden Flüßchen, das in Strudeln und Kaskaden einem nahen See zustrebte, erlebte ich die technischen Fähigkeiten von Menschen, die in ihrer Primitivität schon wieder genial waren. Primitivität als Ausdruck einer Zivilisation. Das war es.

Dicht an einen riesigen, grünlich schimmernden Felsen wurden Holzstangen angelegt. An ihnen zogen die Wano – so hieß dieser Stamm – ein Gerüst hoch. Etwa zwei Meter über dem Boden schichteten sie Steine auf eine Plattform und legten Brennholz darüber. Das zündeten sie an und zermürbten das harte Gestein durch Hitze.

Ein Bild, das man nicht so schnell vergißt: diese nackten, wild aussehenden Männer, die behende an den Stangen herumturnten und mit natürlichen Mitteln dasselbe erreichen wie wir mit Preßlufthammer und Dynamit.

Vergessen war für mich die Zivilisation, aus der ich gekommen war, um ein Stück Neo- oder gar Paläolithikum zu erleben. Ich stand hier in diesem Tal plötzlich an der Quelle – nicht nur der Steinäxte, sondern vielleicht der Menschheit überhaupt. Nie habe ich diese Erkenntnis stärker gefühlt als in *Yä-li-me.* Umgeben von den Wano, die nichts von unserem Fortschritt wußten und dennoch glücklich waren.

Nie hätte ich für möglich gehalten, daß es für dieses Erlebnis in West-Neuguinea noch eine Steigerung geben könnte. Aber das Unglaubliche sollte auf den Andamanen geschehen. Ich traf dort Menschen auf der Stufe des Prälithikums. Unvorstellbar – Eingeborene, die nicht in der Alt- oder Jungsteinzeit, sondern in der Vorsteinzeit (60 000 v. Chr.) leben. Menschen, von denen wir nicht wissen, wie sie sich selbst nennen, und mit denen es keinerlei Verständigungsmöglichkeit gibt. Es ist fast sicher, daß sie nicht einmal in der Lage sind, Feuer zu machen, sondern es bewahren, seit der Blitz in einen morschen Baum schlug.

Unsere Welt, so wird immer wieder behauptet, sei bis in den letzten Winkel erforscht. Es blieben nur noch der Mond, die übrigen Gestirne und der Boden der Ozeane. Das ist ein Irrtum. Erst vor wenigen Jahren entdeckte man auf den Philippinen das bis dahin unbekannte Völkchen der Tasaday. Und wenn man von der Existenz der verschiedenen Stämme auf den Andamanen – zum Beispiel der Jarawa – auch wußte, so ist es doch für jeden Forscher ein Erlebnis, zu der kleinen bevorzugten Gruppe der ersten Europäer zu gehören, die mit ihnen Kontakt aufnehmen konnten.

Noch beglückender war es, die Sentinelesen zu erblicken, die noch immer jeden Kontakt mit der Außenwelt ablehnen.

Wie immer, wenn ich von einer Expedition zurückkehre und berichte, lautet die letzte Frage der Journalisten und Freunde: ». . . und wohin führt die nächste Reise?« Als ich diesmal gesagt hatte: »Zu den Andamanen«, waren die Frager verunsichert. Andamanen – ist das ein Gebirge? Ein Stamm vielleicht? Inseln sind es. Zweihundertfünf Inseln im Golf von Bengalen, rund dreizehnhundert Kilometer südöstlich von Kalkutta und nur knapp zweihundert Kilometer westlich von Burma. Eine zerstükkelte Landkette von sechstausendvierhundertfünfundneunzig Quadratkilometern, die kurz im Indischen Ozean untertaucht und weiter südlich als Nikobaren wieder aus dem Meer tritt. Diese Inselgruppe besteht aus einundzwanzig Eilanden, von denen nur zwölf bewohnt sind. Andamanen wie Nikobaren spielten in der Geschichte der Entdeckungen eine Rolle und werden heute von indischen Chief Commissioners verwaltet.

Bei den Andamanen unterscheidet man drei Hauptinseln – Nord-, Mittel- und Süd-Andaman –, die Insel Klein-Andaman, die etwas abgesetzt im Süden dieser drei Inseln liegt, und eine winzige Insel im Westen – Nord-Sentinel.

Unser Expeditionsziel war es, möglichst viele der Ureinwohner zu sehen, die man in vier Gruppen unterteilt:

die Groß-Andamaner,
die Onge,
die Jarawa und
die Sentinelesen.

Die indische Minoritäten-Politik macht es außerordentlich schwer, eine Genehmigung zum Besuch der noch völlig unberührten Jarawa und Sentinelesen zu bekommen. Die Möglichkeit, diese Menschen der Vorsteinzeit dennoch zu erforschen, verdanke ich König Leopold III. von Belgien. Er ist der Gründer einer Stiftung, die es sich zum Ziel gesetzt hat, auf behutsame Weise Völkerstämme zu besuchen und neue Erkenntnisse über sie zu gewinnen.

Die Expedition zu den Andamanen war eine dieser Forschungsreisen des *Fond Leopold III*, und da ich den Monarchen bereits auf früheren Reisen begleitet hatte, durfte ich auch diesmal mit. Der Ruf Leopolds als Mensch und Forscher war der indischen Regierung Garantie genug, um zu wissen, daß unsere Begegnung mit den scheuen Ureinwohnern von jenem Verantwortungsbewußtsein gelenkt werden würde, das die Voraussetzung für das Zusammentreffen zweier Welten sein muß. Und so erhielten wir die Genehmigung als erste Nicht-Inder.

Wie ist es möglich, heute noch Menschen anzutreffen, die keinerlei Kontakt mit anderen Menschen haben? Was weiß man über sie und ihre Geschichte?

Ich hatte mich gründlich auf diese Reise vorbereitet und kannte die Bücher von A. R. Brown, Pater Schebesta, Lidio Cipriani und Martin Gusinde – um nur einige zu nennen. Ich wußte genau über die geographische Lage der Insel Bescheid, kannte Klima und Landschaft und doch erfüllte mich eine Spannung, wie ich sie selten vorher erlebt habe, als wir am 18. November 1974 von Kalkutta aus über das offene Meer hinausflogen und plötzlich die ersten Inseln der Andamanen unter uns liegen sahen. Eigenartig! Die Maschine nahm Kurs nach Osten, steuerte Rangun an und da glänzte tief unter mir der Irawadi, einer der mächtigsten Ströme dieser Erde. In tausend Arme verzweigt, fächerte er sich an seiner Mündung auf und goß sein Wasser in den Indischen Ozean. Wasser, das er über einen halben Kontinent hinweg von dort hertransportiert hatte, wo mein Leben als Forscher begann – aus Tibet. Ein Leben, in dessen Verlauf ich die seltsamsten Landschaften, Menschen und Sitten erlebt hatte. Und das jetzt einem neuen Höhepunkt zustrebte – den Andamanen.

Port Blair

Es war ziemlich bewölkt, als zum erstenmal Land unter uns auftauchte. So erkannten wir nur einen Teil des achthundert Meter hohen, im tiefen Dschungel liegenden Saddle Peak, des höchsten Berges der Andamanen. Der Dschungel reichte bis hinab an die Küste. Geologisch gesehen, gehören diese Inseln zu einer Landbrücke zwischen Burma und Sumatra, die im Verlauf der Erdgeschichte abbrach und teilweise versank. Man findet auf den Andamanen ähnliche Urgesteinsformen wie auf dem hinterasiatischen Festland, nur die Insel Klein-Andaman besteht aus vulkanischem Gestein und Korallen.

Uns zuliebe drehte der Pilot kurz vor der Landung noch eine Schleife über der Hauptstadt Port Blair, dann landeten wir. Chief Commissioner Shri Harmander Singh erwartete uns auf dem Flugfeld und zelebrierte eine Begrüßung, für die die Inder berühmt sind. Sein Wagen, der statt einer Nummer ein Bild der Ashoka-Säule trug, fuhr uns zu seiner Residenz, in der wir die nächsten Tage verbringen durften und die zu unserem Basislager für die verschiedenen Ausflüge auf den Andamanen wurde.

Jene Ashoka-Säule übrigens ist das Symbol indischer Staatsgewalt. Es ist eine Sandstein-Skulptur aus dem Jahre 240 v. Chr., die vier Löwen über dem *Rad des Gesetzes* zeigt, das auch das Mittelfeld der indischen Flagge ziert. Sie steht im Nationalmuseum von Neu-Delhi.

Die Residenz des Chief Commissioners liegt auf einer Anhöhe über der Stadt, erlaubt einen weiten Blick über das Meer und ist umgeben von üppig wachsenden, tropischen Bäumen, die einmal von den Engländern gepflanzt wurden.

Noch am Nachmittag des Ankunftstages bummelten wir durch die wenig belebten Straßen von Port Blair, besichtigten das alte Gefängnis und lasen die Namen jener Insassen, die heute als politische Märtyrer verehrt werden. Bis zu zwölftausend Gefangene fristeten hinter diesen Mauern einst ihr Dasein. Heute wird nur noch ein kleiner Teil des Gebäudes im ursprünglichen Sinn genützt. Dort, im Hof, zeigte man uns ein Gestell, an dem die Inder festgezurrt wurden, um ausgepeitscht zu werden. Auch die immer noch komplette Hinrichtungsstätte – ein Galgen mit Seilschlinge und Falluke – wurde uns vorgeführt. Eine makabre Attraktion.

Aber für die Inder ist dies lebendige Geschichte. Der Aufstand von 1857, den wir als *mutiny* (Meuterei) kennen, war der erste Freiheitskampf der Inder gegen das britische Kolonialregime. Jene Inder, die damals fielen, erschossen wurden, im Gefängnis umkamen oder verhungerten, waren Helden der Unabhängigkeitsbewegung. Später sollten wir dann feststellen, daß die Gefangenen, die die Engländer auf die Andamanen deportierten, auch für unsere Expedition noch von Bedeutung waren.

Fünfhundert gegen Hunderttausend

Zum besseren Verständnis der ungewöhnlich schwierigen und verwirrenden Aufteilung der verschiedenen Ureinwohner der Andamanen, die es heute noch gibt, bedarf es zunächst einer ethnographischen und geographischen Unterscheidung.

Gewöhnlich wurden diese Ureinwohner als asiatische Negritos bezeichnet. Die beiden schlesischen Anthropologen Martin Gusinde und Paul Schebesta, die bekanntesten Pygmäen-Forscher, sahen dafür allerdings keinerlei Berechtigung und empfahlen, um jede Irreführung zu vermeiden, diese Ureinwohner mit den jeweiligen Stammesnamen zu kennzeichnen.

Der Florentiner Anthropologe Lidio Cipriani war der einzige Weiße unserer Tage, der ein paar dieser Andamaner zu Gesicht bekam. Er sprach von ihnen zwar als Negritos und asiatischen Pygmäen, bevorzugte aber die vier Stammesnamen. Die indischen Verwaltungsbeamten benützen für den Dienstgebrauch ebenfalls diese Stammesnamen, und wir beschlossen, diese Unterscheidung zu übernehmen.

Sicher ist, daß es auf den Andamanen noch etwa fünfhundertdreißig bis fünfhundertvierzig Ureinwohner gibt. Ihnen steht eine erdrückende Übermacht von hundertfünfzehntausend Neusiedlern gegenüber, die zu neunundneunzig Prozent vom indischen Festland stammen. Noch vor fünfundsiebzig Jahren gab es sechsmal so viele Eingeborene und kaum halb so viele Siedler. Eine Zahlenverschiebung, die – wie wir noch sehen werden – für die Ureinwohner verhängnisvolle Folgen hatte.

Die kleine Gruppe der Groß-Andamaner besteht nur noch aus dreiundzwanzig Personen. Sie sind degeneriert, lethargisch, ohne irgendein Interesse am Leben und kurz vor dem Aussterben. Die indischen Verwaltungsbeamten berichteten uns, daß die Degeneration der Groß-Andamaner ein Stadium erreicht hat, in dem sie nicht einmal mehr in der Lage sind, Kinder zu zeugen. Zu ihrem eigenen Schutz hat man sie auf die Strait-Insel geschafft, wo sie in einem Reservat leben und von der indischen Regierung versorgt werden. Ein paar von ihnen sieht man von Zeit zu Zeit in der Hauptstadt Port Blair. 1883 waren es noch viertausend . . .

Ähnlich steht es um die Onge auf Klein-Andaman. Wir haben ihre Gleichgültigkeit, ihre Abgestumpftheit und Indifferenz beobachtet und festgestellt, daß sie dem gleichen Schicksal entgegengehen wie die Groß-Andamaner. Bei unserem Besuch lebten noch hundertzwölf Onge.

Ganz anders die dritte Gruppe, die Jarawa, die ein halbnomadisches Leben führen und in den dichten Wäldern an der Westküste von Mittel- und Süd-Andaman zuhause sind. Sie galten jahrhundertelang als Kannibalen und kaltblütige Krieger – und jubelten, als man ihnen die ersten Geschenke an den Strand legte. Sie sind unbefangen, aber voller Mißtrauen.

Völlig unnahbar, feindlich und bis zur Tollkühnheit abweisend sind die Sentinelesen. Sie bewohnen Nord-Sentinel, die winzige Insel fünfzig Kilometer westlich von Süd-Andaman, die von tückischen Korallenriffen und einer fast immer rauhen See umgeben ist. Auch die Sentinelesen jubelten und rissen die Arme hoch, als wir in gebührendem Abstand vor ihrer Insel ankerten. Aber nur, weil ihre Krieger uns mit Pfeil und Bogen am Landen gehindert und schließlich vertrieben hatten.

Die Strafe für Käptn Owen

Da unsere indischen Gastgeber einige Zeit benötigten, um die Reisevorbereitungen für uns zu treffen, ergab sich die Gelegenheit, Port Blair und die Inseln vor der Hauptstadt intensiver zu besichtigen.

Auf einer dieser Inseln trug sich 1708 eine Geschichte zu, die typisch dafür ist, wie vorsichtig man mit noch unbekannten Eingeborenen umzugehen hat.

Es geschieht relativ oft, daß junge Leute zu mir kommen und wissen wollen, wie man sich Eingeborenen gegenüber zu verhalten habe. Ich kann ihnen nur sagen, was ich allen anderen geraten habe: Es wäre falsch, unsere Moralbegriffe, unsere Reaktionen und Erwartungen auf andere übertragen zu wollen. Das gilt auch für die Verständigung in der Zeichensprache. Meine Erfahrung hat mich gelehrt, daß diese Menschen die Zeichen, die wir für eindeutig halten, oft völlig mißverstehen.

Doch zurück zu dieser kleinen Insel und dem Jahre 1708. Bei einem schweren Monsunsturm erlitt ein britischer Segler Schiffbruch. Mit sechs Mann seiner Besatzung kämpfte der Kapitän, ein bekannt rauher Seebär namens Owen, stundenlang mit der See. Schließlich retteten ihn Eingeborene und zogen auch seine Leute an Land. Owen war als einziger Besitz die Klinge eines Messers geblieben, die er – völlig erschöpft auf dem Strand liegend – in den Sand steckte. Fasziniert betrachtete einer der Eingeborenen das glänzende Ding, trat vorsichtig näher und griff nach dem Messer, um es zu untersuchen. Owen muß diese Neugier mißverstanden haben, denn er sprang auf, schlug auf den Eingeborenen, der ihn gerettet hatte, ein, trat ihn und schrie dabei so laut, daß die Männer sich erschreckt zurückzogen und nicht mehr auftauchten.

Am nächsten Morgen schritten zwölf Eingeborene auf Owen zu, spannten die Bogen und töteten ihn mit zwölf feuergehärteten Pfeilen aus Holz.

Und nun kommt das für den unerfahrenen Reisenden eigentlich Erstaunliche: Owens Männer erhielten von den Eingeborenen zwei Auslegerboote, Kokosnüsse und Wasser; sie wurden aufgefordert, die Insel sofort zu verlassen – konnten aber keinerlei Feindseligkeiten feststellen.

Gibt es eine feinere, fairere Art, auf Rache zu verzichten und die unliebsamen Fremden loszuwerden? Ich glaube kaum. Hätte Kapitän Owen nicht derart unbeherrscht reagiert, wäre vermutlich auch er nach England heimgekehrt. Nicht ohne Grund nehme ich auf meine Expeditionen nie eine Waffe mit. Ich bin der Meinung, daß es für einen Forscher immer eine Möglichkeit gibt, sich aus einer gefährlichen Lage mit Geschick zurückzuziehen.

Vor Jahren ereignete sich auf den Andamanen eine Begebenheit, die mit einem Irrtum begann und mit beiderseitiger Heiterkeit endete:

Als der niederländische Forscher C. Boden Kloss, Verfasser des Standardwerks »Die Andamanen und Nikobaren«, auf Klein-Andaman landen wollte, sah er am Strand ein Dutzend Onge stehen, die riesige Palmwedel in den Händen hielten und heftig wedelten. In der Annahme, die Leute seien über sein Eintreffen hocherfreut (obwohl er gehört hatte, die Onge liebten Fremde ganz und gar nicht), eilte er an Land und – griff sich sofort ebenfalls einen Palmwedel und schlug damit um sich. Es war nicht Freude, die die Onge am Strand herumhüpfen ließ, sondern eine Invasion von Sandfliegen ...

Die Schule der Elefanten

Wir scheinen erst einmal Pech zu haben. Die See ist zu stürmisch und wieder können wir mit dem für uns aufgetakelten Boot, der zweihundert Tonnen großen *Tarmugli,* nicht ausfahren. Wir kreuzen nur ein wenig in der Bucht von Port Blair und entdecken ein Fischerboot beim scraping. Es zieht ein Netz hinter sich her, das am Meeresboden schleift und alles einsammelt, was sich ihm in den Weg stellt. Dann wird das Netz über Bord gehievt und ausgeleert. Die Fischer können zufrieden sein heute. Im Fang erkennen wir auch einige kleinere Haie.

Ein Leuchtturm taucht auf, erstaunlich hoch und rot-weiß geringelt. Er steht mitten in einem Wald und wird von einem kleinen Häuschen mit rundem Dach gekrönt. Man erzählt uns, daß dort im Zweiten Weltkrieg vier deutsche Seeoffiziere interniert waren, denen es so gut gefiel, daß sie gar nicht wieder weg wollten.

Zurück in Port Blair, beschließen wir, mit einem kleineren Boot auf die Ross-Insel überzusetzen. Die Insel interessiert uns, weil sie früher der Sitz der englischen Verwaltung war. Jetzt ist die Pracht des Empires in Ruinen zerfallen, überwachsen und zerstört. »Library« steht an einem Haus, hier war auch die Kirche, daneben ein paar Wohnhäuser, Mauern mit Toren und dort der über hundert Jahre alte Friedhof. In den kaum noch erkennbaren Wassertanks spiegeln sich Kokospalmen, ein Bunker am Strand erinnert daran, daß Ross-Island vier Jahre lang in japanischer Hand war.

»Kennen Sie Madhuban? Haben Sie schon einmal gesehen, wie Arbeitselefanten trainiert werden?« fragt man uns. So schippern wir mit einem kleinen Boot, das den Namen der Menschen trägt, die wir besuchen wollen – es heißt *Jarawa* –, die Küste entlang, vorbei am Leuchtturm und Ross-Island hinauf in den Norden nach Madhuban.

Das Elefanten-Camp liegt in einer leicht geschwungenen Bucht mit weißem Sandstrand. Wir erkennen uralte Feigenbäume und eine Reihe strohgedeckter Häuser. Ein Sampan holt uns von der *Jarawa* und mit artigen Verbeugungen werden wir mit den in Indien üblichen Blumenkränzen geschmückt – die, o Fortschritt, selbst hier im tropischen Paradies aus Plastik sind. Festlicher Empfang: Fünf Frauen tanzen zu den Rhythmen von Trommeln, während wir, die Ehrengäste, durch ein Spalier aus Bambusstauden hinauf zu einem weiten Feld geführt werden. Und dort sind sie – Dutzende von Elefanten bei der Arbeit, und ein Baby, das heute frei hat. Es steht unter einem Sonnendach, scheint krank zu sein, aber noch gesund genug, wie mir scheint, um sich zu freuen, daß heute nur die anderen arbeiten.

Die Inder erklären uns, daß über jeden Elefanten ein Protokoll geführt wird. Jede kleine Einzelheit wird darin exakt festgehalten: Geburtsort, Datum der Entwöhnung, Lehrzeit (rund fünf Jahre) und der Tag der Pensionierung. Das geschieht meist mit sechzig, und da Elefanten, wie man uns berichtet, etwa hundert Jahre alt werden, bleibt ihnen fast das halbe Leben in Ruhestand.

Das erste, was Elefanten in dieser Schule lernen, ist das Ziehen von mittelgroßen Stämmen, dann das Schieben, das Laden über eine schiefe Ebene und der Umgang mit zentnerschweren Hölzern. Für jede einzelne Übung gibt es ein Trainingsgerüst; und so wie die Menschen sich einmal in ihrem Leben für einen Partner entscheiden, gewöhnen sich die Elefanten an ihren »Mahout«, den Elefantentreiber, der die Psyche seines Tieres als einziger kennt, der den Riesen beherrscht und von ihm geliebt wird, der aber auch rücksichtslos von seinem Eisenhaken Gebrauch macht, wenn das Tier nicht gehorchen will.

Nicht alle Dickhäuter sind friedlich. Wir beobachten störrische Tiere, die aus Ärger über die Arbeit laut trompeten. Einer weicht der Arbeit durch eine geschickte Drehung seines Körpers aus, ein anderer bleibt einfach stehen wie ein Springpferd vor dem Oxer und verweigert.

Die Arbeitselefanten in Madhuban leben halbwild. Am Abend läßt man sie frei und vertraut darauf, daß neun von zehn am Morgen freiwillig zurückkommen. Nur in der Brunftzeit entfernen sie sich fünfzehn bis dreißig Kilometer weit und müssen eingefangen werden. Gefunden werden sie immer, da jeder eine hölzerne Glocke um den Hals trägt und eine zehn Meter lange, schwere Kette an einem Hinterbein.

An so einer Suche beteiligen sich bewaffnete Polizisten, der zuständige Mahout und zwei Hunde, die speziell dafür abgerichtet sind. Man läßt die Hunde zwei Tage hungern, bis sie ohne Hemmung alles anfallen, was ebenfalls auf vier Beinen läuft. Dabei stöbern sie oft Wildschweine auf. Und sollte einer der Hunde doch einmal stehenbleiben und sich strikt weigern, noch einen Schritt zu tun, obwohl kein Grund dafür erkennbar ist, dann wissen die Begleiter, daß irgendwo im nahen Dschungel ein Jarawa verborgen lauert. Der Polizist pflegt in einem solchen Fall einen Warnschuß in die Luft abzugeben und vorsichtshalber umzukehren. Die Spur des Elefanten wird dann erst am nächsten Tag wieder aufgenommen.

Uns zu Ehren veranstalteten die Mahouts ein Elefantenrennen. Freudig trompeteten die Tiere und preschten mit erstaunlicher Geschwindigkeit dem Ziel entgegen. Aber vielleicht freute es sie nur, daß man ihnen die Glocke und jene lange Kette am Hinterbein abgenommen hatte. Danach durften sie im Meer baden, was sie jedoch nicht besonders schätzen: Das Meerwasser hinterläßt auf ihren Körpern Salz; deshalb ziehen sie das Süßwasser vor.

Das Wetter ist von indischer Herrlichkeit. Die Brandung kräuselt die Wellen des Ozeans, die saftige Wiese ist wieder voller Elefanten und der grüne Dschungel, von bunten Blüten durchzogen, verheißt – dürfen wir den Erzählungen glauben? – hie und da einen Jarawa.

Doch zurück zu den Elefanten. B.P. Sinha, der schwergewichtige oberste Forstbeamte der Andamanen, ist der Expedition als ständiger Begleiter zugeteilt. Ihm unterstehen auch die Arbeitselefanten. Er sorgte dafür, daß Sieger wie Verlierer des Dickhäuter-Derbys ihre Belohnung erhielten: Zuckerrohr.

Büschelweise wurde es vor die Tiere gelegt. Sie spielten damit wie die Katze mit der Maus. Sie traten auf die Stangen, ganz vorsichtig, um nicht den Saft herauszupressen, teilten sie in maulgerechte Stücke und schoben sie mit dem Rüssel ein.

Zum Schluß führte man uns eine ältere Elefantenkuh vor, die es geschickt verstand, uns Abschieds-Blumenkränze umzuhängen. Ein paar andere Elefanten versuchten die gleiche Ehrung, stellten sich dabei aber etwas ungelenk an. Da mußten die Mahouts eingreifen . . .

Am Nachmittag, wir waren längst wieder im Haus des Chief Commissioners in Port Blair, erzählte uns B. P. Sinha, der Forstbeamte und Dienstherr der Arbeitselefanten, folgende Geschichte:

In Madhuban gab es einmal zwei Elefanten namens »Pathada« und »Jawahar«. »Pathada« war ein ausgewachsener, besonders starker Bulle mit mächtigen Zähnen. »Jawahar« galt als ebenso schön und kräftig, war aber einige Jahre jünger. Selbstverständlich, daß »Pathada« Anführer der Herde wurde. Da »Jawahar« dies nicht einsehen wollte, kam es immer wieder zu Kämpfen zwischen den beiden Rivalen, bis man sich entschloß, den Jüngeren in ein vierzig Kilometer entferntes, zweites Trainingscamp zu schicken.

Fünfzehn Jahre später hatten die Mahouts die Rivalität der

beiden Bullen längst vergessen und zufällig trafen sich »Pathada« und »Jawahar« bei der Arbeit wieder. Diesmal jedoch war »Jawahar« fünfzehn Jahre jünger und »Pathada« fünfzehn Jahre älter; »Jawahar« tötete seinen Nebenbuhler und ließ auch nicht von ihm ab, als dieser bereits leblos am Boden lag. In seiner Wut rammte »Jawahar« ihm die Stoßzähne immer wieder in den Leib, bis es den Mahouts gelang, die beiden Elefanten zu trennen.

Die Behauptung, daß Elefanten nie vergessen, scheint also doch zu stimmen. Zumindest wenn es um Artgenossen geht.

Kobras kann man auch angeln

Der Dschungel der Andamanen schützt die Ureinwohner und ernährt die Siedler. Aber nicht jeder besitzt einen Elefanten oder hat Erfahrung mit der wilden Natur. So kommt es, daß vom indischen Festland einige Ranchi geholt wurden. Die Ranchi stammen aus den Provinzen Süd-Bihar, Orissa und Madya-Pradesh. Es sind die besten Jäger, Pfadfinder und Forstarbeiter des Sechshundert-Millionen-Volkes. Und man glaubt, daß sie völlig unempfindlich gegen die Witterung sind, sich vor keinem Menschen fürchten und als unerschrockene Fachleute im Umgang mit gefährlichen Tieren nicht übertroffen werden können.

Selbst wenn einer der Ranchi von einem Jarawa getötet wird – und das, so erzählte man uns, kommt immer wieder vor –, gehen die anderen am nächsten Tag an den Tatort zur Arbeit und zeigen keinerlei Angst. Die übrigen Inder auf den Andamanen würden dies nie tun.

Die Ranchi scheuen sich auch nicht, das weiße Fleisch der Python-Schlange zu essen, und als unser Freund Sinha einmal eine drei Meter lange Python mit einem Knüppel erschlug, griffen die Ranchi sofort zu: Sie zogen der Schlange die Haut wie einen umgestülpten Strumpf ab, spießten einen spitzen Stock in ihren Leib und ließen sie eine Woche lang trocknen. Erst dann kam die Python auf ihren Speisezettel.

Weit häufiger als Pythons findet man auf den Andamanen die Rattenschlange, die sich hauptsächlich von Nagern ernährt. Auch sie wird drei bis vier Meter lang und gilt als relativ harmlos.

Die Wunde, die sie beißt, schwillt an und tut eine knappe Woche weh, aber dann ist alles wieder überstanden.

Nicht selten entdeckt man Rattenschlangen in den Häusern, wo sie nach Hühnern und anderem Geflügel suchen. Man macht davon wenig Aufhebens. Ist allerdings eine Kobra eingedrungen, was von Zeit zu Zeit ebenfalls vorkommt, wird sofort ein Ranchi zu Hilfe gerufen. Der geht nach einer ziemlich grausamen, aber seit Jahrzehnten bewährten Methode vor:

Er fängt eine Maus lebend (dies geschieht mit Hilfe eines sinnvoll konstruierten Miniaturhäuschens, in das das Tier durch eine Falltür stürzt) und zieht ihr einen Angelhaken, an dem ein langer feiner Draht befestigt wird, durch das Rückenfell. Die Maus wird in der Nähe der Kobra ausgesetzt, diese schnappt zu und hängt an der Angel. Jetzt packt der Ranchi die Schlange am Schwanz und wirbelt sie so lange über seinem Kopf, bis sämtliche Wirbel mit einem hörbaren Knack getrennt sind und das Tier verendet.

Bei weitem die meisten Schlangen, die auf den Andamanen vorkommen, sind Vipern. Nach Auskunft des Forstbeamten Sinha besagt die Statistik, daß alle drei Jahre ein Mensch an einem Biß dieser Reptilien stirbt. Ich kann nicht beurteilen, ob die indischen Verwaltungsbeamten die andamanische Statistik frisieren, oder ob wir uns gerade in solch einem traurigen, dritten Jahr dort aufhielten – jedenfalls kam während unserer Expedition ein Inder durch einen Vipernbiß um.

Kannibalen mit Hundeköpfen

Die indische Regierung und der Chief Commissioner wußten, daß König Leopold und ich bereits viele Völker und Stämme besucht hatten, und daß wir jedem Menschen mit der erforderlichen Toleranz begegnen würden. Man kannte unsere Erfahrung auf diesem Gebiet und wußte, daß wir auch den Ureinwohnern der Andamanen mit Respekt, Geduld und Sympathie entgegentreten würden. Eins ist klar: Die Zukunft der letzten Negritos dieser Inselgruppe liegt in der Hand der indischen Regierung, und wir alle waren bereit, dazu beizutragen, daß es ein glücklicheres Leben wird.

Die unheilvollen Schatten der Vergangenheit sollten einer lichten Zukunft weichen.

Es war im Jahre 871 n. Chr., als zwei arabische Reisende zum erstenmal von den Andamanen berichteten. Sie erzählten ihren staunenden Zeitgenossen von Eingeborenen, die Menschenfleisch verzehrten, glücklicherweise aber isoliert lebten.

Mit der letzten Feststellung hatten die Araber recht: Die Westküste der Andamanen besitzt keine natürlichen Häfen, und die starken Monsunwinde, verbunden mit heftigen Regenfällen, gestalteten eine Landung auch an anderen Küstenabschnitten jahrhundertelang außerordentlich schwierig.

Im weiteren Verlauf der Geschichte bildete sich die Legende, daß jeder Schiffbrüchige auf den Andamanen von Kannibalen mit langen Hundefängen gnadenlos ermordet werde. Aber erst als die Überfälle der Araber, Malayen und Chinesen zunahmen, die ständig Opfer für ihre Sklavenmärkte suchten, entwickelten sich bei den Andamanern genau jene Wildheit und jener Haß auf alles, was von außen kam, den man ihnen vorher nachgesagt hatte.

Nach den sieben Jahren, die ich in Tibet verbrachte, habe ich über ein derartiges Verhalten meine eigene Theorie. Es gibt kaum ein Buch, in dem den Tibetern nicht vorgeworfen wird, sie hätten sich freiwillig und vermutlich aus Überheblichkeit von der übrigen Welt abgekapselt. Diese Feststellung ist formal wohl zutreffend, nur die Begründung stimmt nicht. Im Norden das russische Reich, im Osten China und im Süden das britische Empire. Gestattete es die Regierung in Lhasa dem Hof von Petersburg, einen Gesandten zu entsenden, dann verlangten St. James und der chinesische Kaiser das gleiche Recht. Argwöhnisch beobachteten die drei Großmächte jeden Zug des anderen in Tibet – bis man in Lhasa die Grenzen schloß, die diplomatischen Kanäle versiegen ließ und auf dem Dach der Welt die Leiter zur Erde einzog. Ähnlich muß es den Ureinwohnern der Andamanen ergangen sein.

Selbst Marco Polo fand die Inseln in seinen berühmten Reiseerzählungen einer Erwähnung für würdig, aber heute weiß man, daß er sie (wie so vieles andere auch) nur vom Hörensagen kannte. Aber immerhin erzählt der Genueser Abenteurer, der als erster den Namen »Angaman« erwähnt, auch schon, daß dort »Wilde mit Hundeköpfen« leben. Es ist nicht ganz klar, ob Marco Polo den Namen »Angaman« von Ptolemäus übernahm, und im Laufe der Zeit wurde daraus Agdaman, schließlich das heutige Andaman. Es heißt, wenn man den Sprachforschern Glauben schenken darf, »viel Glück«.

Sehr viel genauer sind die Berichte von Niccolò dei Conti und Master Caesar Frederike, die 1440 und 1569 diese Gegend bereisten. A. R. Brown, der große Anthropologe des zwanzigsten Jahrhunderts, zitierte Frederike, der ebenfalls auf den Kannibalismus der Adamaner hingewiesen hatte. Brown, als nüchterner Wissenschaftler stets bereit, sich auch mit gewagtesten Überlieferungen auseinanderzusetzen, meldete Zweifel an und meinte, daß, falls die Andamaner je Menschenfresser gewesen seien, sie diese Sitte inzwischen völlig abgelegt hätten.

1789 wurde die heutige Hauptstadt Port Blair als Marinestützpunkt gegründet. Ihr Namensgeber war ein gewisser Leutnant Archibald Blair, der in Diensten der East India Company stand. Die ersten offiziellen Verwaltungsbeamten aus London kamen 1858, ein Jahr nach dem blutigen Aufstand der Inder, auf die Andamanen und setzten die deportierten Meuterer planmäßig zur Kultivierung der Insel ein. Die meisten dieser Festlands-Inder ließen sich hier nach Verbüßung ihrer Strafe als Siedler nieder.

Die Taktik der Kolonialherren

Die von den Engländern geduldete, wenn nicht sogar erwünschte Besiedlung durch ihre Strafgefangenen schuf eine ähnliche Situation, wie wir sie in der ersten Hälfte des neunzehnten Jahrhunderts in Nordamerika antreffen. Die einen, die Ureinwohner, konnten nur leben, wenn die Natur – der Dschungel – erhalten blieb. Die anderen, die Siedler, mußten den Dschungel roden, um kultivierbaren Boden zu gewinnen. Festland-Inder gegen Negritos – die Trecks der weißen Siedler gegen die Indianer. Was gut für den einen war, bedeutete des anderen Tod. Zwei grundverschiedene Interessen stießen aufeinander. Zudem waren die kleinen Waldmenschen der Andamanen für die Siedler unkultivierte Barbaren, auf die man keinerlei Rücksicht zu nehmen brauchte. Es müssen ähnliche Vorurteile gewesen sein, mit denen die Einwanderer von der Ostküste Nordamerikas den Jägern und Sammlern in ihren Wigwams und in den Savannen gegenübertraten.

In dieser Situation kam den Siedlern auf den Andamanen die Kolportage zu Hilfe; jene Schauermärchen über den Kannibalismus, die Hundeköpfe und zentimeterlangen Zähne, die die Feinde im Dschungel eher zu gefährlichen Raubtieren stempelten als zu bedauernswerten Mitmenschen.

Was dachten wohl zum Beispiel die bedrängten Jarawa auf Mittel- und Süd-Andaman? Tatsache ist, daß vor den Siedlern zuerst das Wild flüchtete und dann der Mensch. Die Jarawa mußten mehr als die Hälfte ihrer Heimat aufgeben und sich einen neuen Lebensstil angewöhnen. Sie flüchteten sich dorthin, wo sie heute noch leben: an die Westküste.

Die Negritos der Andamanen illustrieren ein klassisches Beispiel von Großmachtpolitik. Erster Schritt: zurückdrängen. Zweiter Schritt: kolonialisieren. Der Wille der Ureinwohner, ihr freies, seit Jahrtausenden gewohntes Leben zu führen, mußte gebrochen werden. Man verlangte, daß sie sich zu entscheiden hätten zwischen Zivilisation und rücksichtslosester Bekämpfung.

Die Methoden dieser Art von Eroberern sind dabei geschickt und vielfältig. Eine davon ist der freiwillige Zwang: Man schenkt dem »Primitiven« Dinge, die er bisher weder gebraucht noch gewollt hat. Aber nur einer bekommt so ein Geschenk – einen Metalltopf, ein Messer, ein Stück Tabak –, und um ebenfalls beschenkt zu werden, müssen die anderen etwas tun. Zum Beispiel arbeiten. Diese Leute müssen sich also plötzlich anstrengen, um etwas zu bekommen, das für sie völlig überflüssig ist. Sie tun dies, weil die soziale Gleichheit innerhalb des Stammes erst dann wiederhergestellt ist, wenn jeder so ein neues unbekanntes schönes Ding besitzt.

Eine Bestätigung dieser Theorie habe ich in Neuguinea gefunden. Ein Papua hatte einen Mord begangen und war mit dem Flugzeug zur Gerichtsverhandlung weggebracht worden. Er hat natürlich nie verstanden, warum man ihn für die nach den Sitten seines Stammes selbstverständliche Tötung verurteilte. Aber als er nach Verbüßung seiner Strafe in die Heimat zurückkehrte, wurde er der Häuptling. Denn er war im Flugzeug geflogen, hatte Dinge gesehen und beigebracht bekommen, von denen die anderen nicht einmal träumen konnten . . .

Kleinkrieg im Dschungel

Auf den Andamanen entwickelte sich ein Kleinkrieg, der den Gegebenheiten einer Strafkolonie entsprang, im Endeffekt aber nur den Ureinwohnern schadete. Der Grund: Immer wieder flohen Gefangene und mußten gesucht werden. Einigen gelang es, sich bei den Negritos zu verbergen, und dann kam zu der Suche eine Strafexpedition.

Als erste wurden die Groß-Andamaner »befriedet«, die auf der am stärksten besiedelten Insel Süd-Andaman lebten. Die Jarawa dagegen führten einen erbitterten Partisanenkrieg und wehren sich bis auf den heutigen Tag erfolgreich gegen jede ihnen fremde Zivilisation. Da ihr eigener Name uns nicht bekannt ist, haben alle anderen eine Bezeichnung übernommen, die ihnen die Groß-Andamaner gaben: »die anderen«, »die anderen Leute«, in ihrer Sprache »Jarawa«.

Die Jarawa bezahlten ihre Unabhängigkeit mit dem Verlust vieler Krieger und ganzer Quadratkilometer an Dschungel-Terrain. Vermutlich ahnten sie, daß eine Freundschaft mit den Siedlern sie noch mehr kosten würde. Aber was heißt für diese Menschen schon Freundschaft? Ich bin sicher, daß ihre ethischen und moralischen Ansichten sich von den unseren grundlegend unterscheiden. Immerhin: sie bekamen jeden Tag vorgeführt, wie diese Freundschaft, die sie ablehnten oder nicht kannten, die Groß-Andamaner langsam immer weniger werden und in hundert Jahren bis auf dreiundzwanzig degenerierte Überlebende von der Bildfläche verschwinden ließ.

Als erste starben jene Groß-Andamaner aus, denen die Quellen und das Jagdrecht in der Nähe der Hauptstadt Port Blair gehörten. Die Jarawa, die gewiß nicht dumm sind, schauten interessiert zu, wie diejenigen, die die engsten Freunde der Siedler geworden waren, am schnellsten vernichtet wurden.

Liest man die Tagebücher der britischen Kolonialoffiziere, die auf den Andamanen dienten, dann wird klar, daß die Jarawa am Anfang genauso friedlich waren wie die übrigen Ureinwohner.

Die Engländer erfuhren, daß die Groß-Andamaner mit den Jarawa gewisse Stammesfehden ausfochten, schürten diese und nahmen in der Folge stets einige Groß-Andamaner auf ihren Strafexpeditionen gegen die Jarawa mit. Dabei genügte den Briten der geringste Anlaß, etwa der Diebstahl eines kleinen Metallstücks, das die Jarawa-Krieger zum Herstellen ihrer Pfeilspitzen benötigten.

Eine Tagebucheintragung vom 24. Februar 1902 besagt, daß drei englische Offiziere mit Feuerwaffen, begleitet von sechzehn mit Pfeil und Bogen ausgerüsteten Groß-Andamanern, auf Strafexpedition gegen die Jarawa gingen. Dabei starb der ranghöchste Engländer und der gemischten Truppe fielen Honigtöpfe, Äxte, Netze, Bögen und zwölf Gefangene in die Hände.

Die Jarawa gerieten in diesem Jahrhundert gleich zwischen mehrere Feuer. So schürten die entflohenen Strafgefangenen den Haß gegen die Siedler, um ihre Zuflucht bei den Ureinwohnern nicht zu gefährden. Die Groß-Andamaner taten alles, um jede sich anbahnende Verständigungsmöglichkeit zwischen Jarawa und Engländern unmöglich zu machen.

Überliefert ist folgende Episode: Als lange keine Strafexpedition gegen die Jarawa ausgeschickt worden war, kopierten die Groß-Andamaner deren Pfeile und erschossen einen indischen Siedler, der eng mit den Briten zusammenarbeitete. Dann meldeten sie, daß sie einige Jarawa in der Nähe der Hütte des Ermordeten gesehen hätten. Als die Jarawa wenig später zu einem Kontaktplatz kamen, wo sie sich mit den Engländern treffen sollten, wurden sie von diesen ohne Vorwarnung über den Haufen geschossen. Der Kontakt brach daraufhin für lange Zeit ab.

Ist es bei solchem Verhalten verwunderlich, daß die Jarawa immer bösartiger wurden und von Jahr zu Jahr heimtückischere Taktiken entwickelten? Ihr Haß auf alles Fremde jedenfalls wuchs beständig.

Um noch einmal auf das Tagebuch des britischen Kolonialoffiziers zurückzukommen – es berichtet zum Beispiel von einer Strafexpedition des Jahres 1925, die volle vier Monate dauerte und bei der siebenunddreißig Jarawa getötet wurden.

In Port Blair erzählte man mir die Geschichte eines Strafgefangenen namens Dudhnath, der von einer Plantage floh und bei den Jarawa Unterschlupf fand. Er heiratete zwei Frauen – Mutter und Tochter – und erfuhr eines Tages von einem Raubzug der Jarawa nach Port Blair. Wie meistens, ging es ihnen dabei um das für sie so kostbare Metall. Dudhnath, der anfangs mit den Jarawa mitmarschierte, muß plötzlich Skrupel bekommen haben, denn er schlich sich in der Nacht davon und zeigte den Überfall an. Als sich die Jarawa der Stadt näherten, waren die Engländer vorbereitet und richteten ein Blutbad an. Es ist als »Battle of Aberdeen«, so heißt ein Stadtteil von Port Blair, in die Geschichte der Andamanen eingegangen.

Dudhnath war der einzige, von dem wir sicher wissen, daß er über ein Jahr unter den Negritos lebte. Er wußte um die Exklusivität seiner Erlebnisse und verbrachte den Rest seines Daseins damit, schauerliche Geschichten über die Riten und Rituale der Jarawa zu erzählen. Er wärmte auch, da er offensichtlich glaubte, man erwarte dies von ihm, die alte Kannibalen-Geschichte wieder auf.

Drei Jarawa in Port Blair

Für die Inder, die die Inselgruppe heute verwalten, besteht keinerlei Zweifel, daß die Ureinwohner mit Gewalt aus der Steinzeit geholt werden sollten, indem man ihnen die sogenannte Zivilisation brachte. Diese bestand für die Andamaner vor allem in Alkohol und Opium. Die Strafgefangenen, die am Rande des Dschungels auf den Plantagen arbeiteten, bewirkten eine Syphilis-Epidemie, die sich durch Polygamie und Polyandrie wie eine Lawine ausweitete. Natürlich erkrankten die Negritos auch an Masern und Influenza. Daß Dudhnath die Jarawa mit keiner Krankheit infizierte, ist nur dadurch zu erklären, daß er offensichtlich kerngesund war.

In zweiten Weltkrieg wurden die Andamaner mit einer Gefahr konfrontiert, die sie bisher nicht gekannt hatten: die Japaner. Sie besetzten die Andamanen und Nikobaren 1942 für zwei Jahre und warfen über den Dschungelgebieten, in denen sie Negritos vermuteten, sinn- und wahllos Bomben ab. Aber den Japanern gelang es zum Glück nicht, ihre Zahl wesentlich zu reduzieren.

Mit dem Ende des zweiten Weltkriegs kamen die Bulldozer, die Arbeitselefanten und neue Siedler. Eine Nord-Süd-Straße wurde auf den drei Hauptinseln durch den Dschungel geschlagen und drängte die Jarawa immer weiter gegen die Westküste. Erst 1950 schloß die Welt mit den paar hundert Negritos auf den Andamanen Frieden. Dies ist der indischen Regierung zu verdanken und einer immer positiver eingestellten Weltmeinung gegenüber den letzten Ureinwohnern unserer Erde.

Auf Süd- und Mittel-Andaman gilt der westliche Straßenrand als Zivilisationsgrenze. Jenseits davon leben die Jarawa unbehelligt. Bewußt hat man darauf verzichtet, Querstraßen in westlicher Richtung anzulegen, und im schmalen Niemandsland zwischen Fahrbahn und Dschungel wurden zwölf Polizeiposten besetzt, die Inder und Jarawa gleichermaßen schützen sollen: Die Negritos vor Übergriffen der Siedler, die Siedler vor Überfällen der Jarawa.

Mit dieser klugen Maßnahme wurde ein Versprechen Jawaharlal Nehrus in die Tat umgesetzt: »Es ist nicht einzusehen, warum man eine zweitklassige Kopie von uns schaffen soll ... sie (die Andamaner) sind ein Volk, das tanzt und singt und versucht, das Leben zu genießen. Keine Menschen, die auf der Börse sitzen, sich gegenseitig anschreien und glauben, sie seien deshalb zivilisiert ... Wir haben nicht die Absicht, uns in ihr Leben einzumischen, aber wir wollen ihnen helfen, es gemäß ihrer eigenen Vorstellung und Tradition zu führen.«

Aber noch immer kommt es zu Zwischenfällen. 1973 wurde ein Planierraupen-Fahrer von den Jarawa erschossen, und unser Freund, der Forstbeamte Sinha, glaubt, daß pro Jahr fünf bis sechs Überfälle stattfinden, bei denen ein bis zwei Menschen getötet und mehrere verletzt werden. Da diese Morde fast immer in der Weihnachtszeit stattfinden, vermutet man, daß die Jarawa dann irgendein Fest feiern, für das sie den Teil eines Feindes erobern wollen, und sei es nur ein Finger oder ein Büschel Haare.

Bei einem dieser Überfälle wurden einmal drei Jarawa gefangengenommen und nach Port Blair gebracht. Der Frau eines indischen Beamten und einem Kollegen ihres Mannes gelang es, den Negritos ein paar Laute zu entlocken, die sie zu einem kleinen Wörterbuch zusammenstellten. Die Jarawa schienen dumm und teilnahmslos, beobachteten in Wirklichkeit aber den Mechanismus an den Türen ihrer Zellen. Als ihr Bewacher eines Nachts eingeschlafen war, knackten sie die Schlösser und flohen.

Eine andere Geschichte, die Sinha erzählte, trug sich 1968 in dem Dorf Kadamtalla zu. Ein Mann vernahm in der Nacht Geräusche an seinem Haus, sprang aus einem Fenster und benachrichtigte die Nachbarn. Die umstellten das Haus und überraschten vierzehn Jarawa, von denen sie drei gefangennahmen. Die vierzehn waren merkwürdigerweise unbewaffnet und wollten, wie sich später herausstellte, Nahrungsmittel und Metall für ihre Pfeilspitzen stehlen.

Sinha nahm die drei Jarawa mit ins Gefängnis nach Port Blair und setzte ihnen eine Schüssel Wasser und ein paar Bananen vor. Das Wasser tranken sie erst, nachdem einer – offensichtlich ihr Anführer – es gekostet hatte. Und so war es auch bei den Bananen, die sie anscheinend nicht kannten.

Die Inder stellten mit den Jarawa einige interessante Versuche an. Sie setzten sie in ein Auto und fuhren durch Port Blair oder ließen sie die Gangway eines stehenden Flugzeuges hochklettern und in der Maschine Platz nehmen. Da riefen sie: »Talhua, Talhua«, was man mit »Vogel« übersetzte, oder besser: interpretierte.

Die drei Jarawa bewiesen eine ungeheure Reaktionsfähigkeit, die in Port Blair Staunen und Furcht erregte. Als einmal eine Katze an den dreien vorbeischlich, ging einer der Jarawa in die Knie und schnappte sie sich mit einem gewaltigen Satz. Spatzen, die Reis von ihren Tellern pickten, fingen sie mühelos mit den Händen. Und zwar mit jeder Hand einen!

Aber den Negritos bekam die ungewohnte Nahrung nicht. Sie aßen zwar, wurden jedoch immer schwächer. So unternahmen die Inder noch den Versuch, sie mit den Onge von Klein-Andaman zusammenzubringen – erfolglos. Die Onge rochen an den Jarawa und sagten sofort: »Jarawa!« Eine sprachliche Verständigung war nicht möglich.

So wurde beschlossen, die drei an der Stelle wieder auszusetzen, an der man sie bei dem Überfall gefangengenommen hatte.

Die Inder überreichten ihnen Früchte und das begehrte Eisen, aber sie warfen die Geschenke weg und rannten davon, so schnell sie konnten.

Das mag uns verwunderlich erscheinen, ist es aber nicht. Die Jarawa mußten denken, das Überreichen der Geschenke sei eine Finte, anschließend würden sie auf der Flucht von hinten erschossen. Sie warfen die Früchte und das Eisen weg, um schneller laufen zu können. Sie hätten die Geschenke sicher gern behalten, aber ihr Leben war ihnen dann doch lieber.

Ich kannte eine derartige Reaktion von Neuguinea her. Dort gilt es keineswegs als unfair oder ehrenrührig, seinen Feind von hinten zu erschießen. Das Töten von hinten wird sogar als Teil der Justiz betrachtet, indem man nämlich den Schuldigen freiläßt, ihn zum Fliehen zwingt und dann von hinten mit einem Speer durchbohrt.

Aufschlußreich ist auch der Bericht der Inder über eine schwangere Jarawa-Frau, die eingefangen wurde, weil sie nicht mehr schnell laufen konnte. Sie bekam ihr Baby in Port Blair und sollte dann in den Dschungel zurückkehren. Aber sie weigerte sich. Bis heute weiß man nicht, warum. Befürchtete sie, von ihrem Clan verstoßen zu werden? Gefiel es ihr so gut bei den Indern?

Sie starb während der japanischen Besetzung, ihre Tochter lebt noch auf den Nikobaren.

Der Tod des Johann Wilhelm Helfer

Als ich von den Andamanen nach Europa zurückgekehrt war, erhielt ich eines Tages einen langen Brief von Oberstleutnant a. D. Karl-Heinz Wittich. Er enthielt Photokopien einer Abhandlung mit dem Titel »Dr. Johann Wilhelm Helfers gedruckte und ungedruckte Schriften über die Tenasserim-Provinzen, den Mergui-Archipel und die Andamanen-Inseln«.

Jener Dr. Johann Wilhelm Helfer ist in die Geschichte der Andamanen eingegangen, wenn auch auf tragische Weise. Als er die Inseln 1840 besuchte, wurde er von den Eingeborenen umgebracht. In einem Vorwort zu Helfers Bericht schrieb Franz Foetterle, der Erste Sekretär der K. u. K. Geologischen Gesellschaft zu Wien:

»Erst zu Anfang des Monats Jänner 1840 finden wir den rastlos Reisenden wieder auf einer Segelfahrt, welche für ihn leider zugleich die letzte Lebensfahrt werden, und von der er in die Arme seiner Gattin nicht wieder zurückkehren sollte. Er verließ am 13. Jänner 1840 in Begleitung seines Schwagers Otto Freiherr Des Granges auf dem Schoner *Catarina* Mergui (eine Inselgruppe westlich der malayischen Halbinsel, d. Verf.), um sich auf die Andamanen-Insel zu begeben und diese Inselgruppe, deren Bewohner durch ihre Wildheit berüchtigt waren, zu untersuchen. Er hatte dieselben auch glücklich erreicht und einige der Inseln auch besucht, ohne auf Einwohner zu stoßen. Erst am 29. Jänner hatten sich auf einer nördlichen Insel Wilde gezeigt. Einige derselben wagten sich auch vor und wurden von Helfer noch mit Cocosnüssen beschenkt. Als jedoch eine Schüssel, welche ihnen zum Wasserholen übergeben wurde, in ihren Händen zerbrach, zogen sie sich zurück und waren zur Annäherung nicht mehr zu bewegen. Als am 30. Jänner Helfer abermals an Land stieg, in der Absicht, doch noch einen Versuch sich ihnen zu nähern zu machen, wurde er mit seinen Begleitern plötzlich von ihnen überfallen. Dr. Helfer und seine Leute suchten nun in aller Eile schwimmend das Schiff zu erreichen, was auch allen gelang, bis auf Dr. Helfer selbst, der im Schwimmen von einem der vergifteten Pfeile, die ihnen die Wilden nachgesendet hatten, am Kopf derart verwundet wurde, daß er sogleich untersank, um nie wieder aufgefunden zu werden. Auf eine so elende Weise mußte ein Mann zugrunde gehen, der nur dem natürlichen Drange nach Erweiterung seines Gesichtskreises und seiner Kenntnisse folgte . . .«

Soweit der Bericht der K. u. K. Geologischen Gesellschaft. Aber noch viel unmittelbarer ist die letzte Tagebuch-Eintragung von Helfer selbst:

»30. Januar, Mittwoch. Es war nahe Nacht, ich kehrte zurück. Der Capitain ging noch einmal mit einem Topf Reis an Land, um die Leute zu versöhnen, – vergebens, sie liefen wieder davon. – Wir blieben ruhig die Nacht vor Anker liegen.

Dies sind also die furchtbaren Wilden. Sie sind furchtsame Kinder der Natur, froh wenn ihnen nichts geschieht. Mit den Leuten wäre mit einiger Geduld leicht Freundschaft zu schließen. Otto (der Schwager Helfers, d. Verf.) war den ganzen Tag auf dem Hund, er konnte sich nicht rühren, er hat 16 Karbunkel bloß auf seinem Wertesten. Der arme Junge dauert mich, es wird hoffentlich bald vorüber sein.«

Das sind die letzten geschriebenen Worte eines bedeutenden Forschers, voll Zuneigung und Verständnis für die Eingeborenen, die ihn wenige Stunden später töteten. Voll Humor und beseelt von jener Geduld, die wohl die größte Tugend und Notwendigkeit eines Forschers ist, der sein Ziel erreichen möchte. Immer wieder wird diese Geduld auf die Probe gestellt. Zeit darf nie eine Rolle spielen, wenn man Kontakt zu bisher unberührten Eingeborenen sucht. Hast und Unruhe können alles zerstören, oft sogar tödlich sein.

Ich habe mich schon unzählige Male selbst zur Geduld aufgefordert: als das Wasser knapp wurde oder das Essen dahinschwand, oder wenn ich mich zehn Stunden lang durch den Dschungel gehackt hatte, am Abend meinen Weg in die Karte eintrug und feststellte, daß ich nur tausend Meter geschafft hatte.

Es mag überraschen, aber das beste Training der Geduld ist die Gärtnerei. Man setzt ein Pflänzchen und wartet. Eine Zeit, die man nicht dehnen oder verkürzen kann. Und die am Ende ein blühendes Ergebnis bringt – oder gar keins. Glück und Mißgeschick jedoch sind unabhängig von der Zeit. Man weiß, daß alles seine Weile dauert. Wie zwingt man einen Baum, schneller zu wachsen? Wie soll man fünfhundert Kilometer Dschungel in Rekordzeit durchqueren?

Gärtnern und Forschungsreisenden bestätigt sich die alte Weisheit, daß dem Geduldigen die Dinge zuströmen, während der Ungeduldige sie abstößt.

Auf zu den Jarawa!

Es hat lange gedauert, bis Chief Commissioner Shri Harmander Singh uns melden konnte, daß unseren Ausflügen zu den Jarawa, Groß-Andamanern, Onge und Sentinelesen nichts mehr im Wege stehe. Die bisherigen Erlebnisse wären bereits eine Reise wert gewesen: die alte englische Insel Ross-Island, die Elefantenschule in Madhuban, die Stadt Port Blair mit ihren Erinnerungen an die Vergangenheit. Dies alles hatte meine Neugier auf die Ureinwohner gesteigert. Am 20. November 1974 war es dann soweit.

Der Chief Commissioner hatte vom obersten Polizeioffizier der Andamanen, Shri Bhakhtawar Singh, der sich in einem kleinen Motorboot auf Erkundungsfahrt befand, die Nachricht erhalten, daß dreizehn Jarawa gesichtet worden seien. Wir sollten gleich losfahren, wenn Bhakhtawar Singh nach Port Blair zurückgekehrt sei.

Dieser Polizeioffizier, ein beleibter Sikh mit hellblauem Turban und dichtem weißen Vollbart, war der erste, der mit den Jarawa dreimal freundschaftlichen Kontakt hatte. Und wir, das machten wir uns in den Stunden vor der Abreise klar, sind vielleicht die ersten Nicht-Inder, die mit einem Jarawa sprechen würden.

Mich beschlich das Gefühl des Erstmaligen, Einmaligen. Der Bergsteiger, der seinen Fuß auf einen bisher nie bestiegenen Gipfel setzt, kennt dieses Gefühl. Anthropologen und Ethnologen träumen davon, einmal in ihrem Leben eine solche Chance zu erhalten, wie sie uns jetzt hier auf den Andamanen geboten wurde. Wir wollten sie nutzen, Augen und Ohren offen halten, fotografieren und filmen, Geduld üben, Sympathie entgegenbringen, zu verstehen suchen, aufzeichnen . . .

Und dann lag sie vor uns, die zweihundert Tonnen große *Tarmugli*, mit der wir schon in der Bucht umhergekreuzt waren. Jetzt fuhren wir mit ihr an der Ross-Insel und dem Leuchtturm mitten im Urwald vorbei nach Norden. Bei dem Dorf Nilampur stiegen wir auf die *Jarawa* um, die uns vor einigen Tagen zum Elefanten-Camp gebracht hatte. Die Nord-Süd-Straße berührt Nilampur und gab einen Blick frei auf den sekundären Dschungel, der nach dem Roden neu entstanden war und viel, viel dichter wächst als der ursprüngliche Dschungel. Wir sahen riesige Teakholz-Plantagen, deren Alter ich auf vier Jahre schätzte. Wir pflückten große Sträuße weißer Orchideen und kehrten auf unser Schiff und zu unseren Gedanken an die kleinen Menschen auf der anderen Seite der Insel zurück.

Mit zwanzig Tonnen war die *Jarawa* gerade klein genug, um die schmale Durchfahrt zwischen Süd- und Mittel-Andaman zu bewältigen. Eine wunderschöne Strecke, auf der die Vegetation zu beiden Seiten der Reling zum Greifen nahe schien. Endlos war die Zahl der Arme, die die Mangrovenbäume ins Wasser reckten. Arme, die sich in die feuchte Erde senkten, Wurzeln bildeten und neue Bäume wachsen ließen. Dazwischen sprossen die jungen Stämmchen aus den Samen, die wie kleine Wurfpfeile geformt sind, um auch wirklich senkrecht und tief in den Schlamm einzudringen. Dahinter dehnte sich dichtester Dschungel aus, mit Lianen, die sich wie Schlangen um die Bäume wanden. Einige Arten sind besonders kostbar, da sie eine köstlich schmeckende Flüssigkeit enthalten, mit denen die Eingeborenen ihren Durst stillen. Ich lernte die zwei Gesichter der Mangrove kennen: das eine bei Ebbe: verworren, kreuz und quer, mit Stelzen, Bögen, Füßen und Armen. Fauliges, frisches, nasses und trockenes Holz; darüber ein an Verwesung erinnernder Geruch, dazu das monotone Geräusch, wenn die Samen-Bömbchen in den dunklen Schlamm einschlagen. Dann das Flut-Gesicht: ein grüner Garten mit geschlossener Decke, geordnet plätschern die Wellen gegen die Stämme. Das ist kein Heer von hölzernen Kraken, die im Wasser angeln; das sind schöne große Bäume, die im Wasser stehen.

Ein wilder, naturbelassener Garten begleitete uns von Bucht zu Bucht. Immer wieder die gleiche Farbpalette: das türkisblaue Meer, der schneeweiße Sand, ein tiefgrüner Dschungel und der azurblaue Himmel mit kleinen weißen Wolken. Erstarrt saßen die Eisvögel, hier ganz auf den Fischfang spezialisiert, auf ihren Ästen. Blaues Gefieder, rostroter Bauch und korallenrote Füßchen. Und die grünen, lauten Papageien, dazwischen die Andamanen-Tauben mit ihrem überlangen Federkleid.

Zwei Stunden dauerte die Fahrt durch die enge Wasserstraße, dann tauchte die Spike-Insel auf – wir waren wieder im offenen Meer. Nach weiteren zwei Stunden Fahrt lag Flat-Island vor uns. Wenn die Jarawa mit uns Kontakt aufnehmen wollten, würde es an dieser Stelle sein. Wir waren am Ziel.

Die Jarawa kommen an Bord

Wir waren erregt. Jeder wollte der erste sein, der einen Jarawa entdeckte. Selbst Bhakhtawar Singh konnte seine Unruhe nicht verbergen. Er, der jetzt bereits zum vierten Mal an dieser Küste kreuzte; dreimal hatte er Jarawa gesprochen, viermal gesehen.

Dabei hatten die Inder erst 1971 begonnen, Kontakt mit dieser Gruppe von Ureinwohnern zu suchen. Damals hatte der Chief Commissioner seinen Polizeichef in die Foul Bay geschickt – die Bucht am Ausgang der engen Wasserstraße zwischen Süd- und Mittel-Andaman – und Plastikschmuck, Früchte und Eisen an den Strand legen lassen. Vier bis fünf Tage später waren die Sachen verschwunden.

Man hatte damals entdeckt, daß die Jarawa auf ihren Jagdzügen die Bay auf Flößen oder mit Hilfe großer Blätter rudernd oder schwimmend überquerten. Wenn die Geschenke dann tagelang liegenblieben, wußten die Inder, daß die Jarawa irgendwo im Dschungel der Insel unterwegs waren.

Aber dann geschah etwas Erstaunliches: Nachdem sie die Geschenke abgeholt hatten, errichteten die Jarawa kleine Plattformen. Die Inder sollten ganz offensichtlich die Plastikstücke, Früchte und Eisenteile nicht in den feuchten Sand legen, sondern auf die trockenen Plattformen. In ihrer Unschuld übertrieben die Negritos diesen Hinweis: Die Inder entdeckten zwölf dieser Podeste nebeneinander! Die Anzahl der Geschenke war den Jarawa anscheinend nicht mehr ausreichend.

Bhakhtawar Singh, ein kluger Mann, wechselte dann das Revier. Er schipperte die Westküste hoch und legte die nächsten Geschenke gegenüber Flat-Island an den Strand. Prompt sah er Jarawa, die den Strand entlang nach Norden liefen. Bei der schüchternsten Annäherung jedoch verschwanden sie im Dschungel.

Die Geduld Bhakhtawar Singhs wurde jahrelang auf die Probe gestellt. Im Winter 1973/74 aber war es dann soweit (und gerade bei diesem Ereignis fehlte der interessierte Polizeioffizier).

Ein indischer Wachtmeister hatte gerade Früchte und ein paar Stück Metall an Land gebracht und war in sein Ruderboot gestiegen, als plötzlich ein Jarawa aus dem Dickicht trat, ins Wasser sprang und sich am Ruderboot festklammerte. Erfreut über diese Nachricht, landete Bhakhtawar Singh am 18. Februar 1974 erneut, konnte den Stamm von seinen friedlichen Absichten überzeugen und kehrte im April 1974 mit dem bekannten indischen Fotografen Raghubir Singh zurück. Dieser machte mit seinen hervorragenden Aufnahmen, die u. a. im »National Geographic Magazine« und in der deutschen Zeitschrift »GEO« erschienen, die Welt zum ersten Mal mit diesen Steinzeitmenschen optisch bekannt. Nun war auch der Chief Commissioner neugierig geworden und ließ sich am 19. Mai 1974 zu den Jarawa bringen. Jetzt waren wir es, die an dieser Küste, an der gleichen Stelle wie bei den drei früheren geglückten Versuchen, ankerten.

Noch war kein Jarawa zu sehen. Möglich, daß uns zwei, zwanzig oder zweihundert aus dem dichten, immergrünen Dschungel beobachteten. Vor uns lag eine geschlossene Baumfront, deren Stämme und Äste – so verworren und ineinander verschlungen sie auch waren – vom kräftigen Südwest-Monsun schräg nach oben in Richtung Nordost gebürstet wurden. Sie bestand aus braunen und grauweißen, bis zu dreißig Meter hohen Bäumen, die kaum Queräste besaßen, und dem Kundigen wie ein lebender Kompaß die Richtung anzeigten. Es sah aus, als habe jemand das Grün des Dschungels mit einer Riesenbürste gescheitelt und dabei jene Äste, die nicht gleichziehen wollten, gekappt und auf den Strand geworfen.

Ein eigenartiges Geräusch fiel uns auf, und für einen Moment stellten wir den Motor unserer *Jarawa* ab, um zu horchen: Es klang in meinen Ohren, als wenn ein ganz leiser Schnellzug auf einer alten Gleisanlage an uns vorbeirauschte – ein gleichmäßiges Schlagen, ein Saugen und Ziehen wie von einer Windbö. Es waren Tausende kleine Kieselsteine, die in der Brandung den Strand auf und ab kullerten. Vereinzelt ragten Felsen aus dem Sandstrand, an denen sich das Meer gischtig brach, und in der so entstandenen Luftfeuchtigkeit bildeten sich leuchtende, scharf voneinander abgegrenzte Regenbögen.

Würden die Jarawa überhaupt kommen? Waren sie vielleicht im Inneren des Landes auf Jagd? Oder warteten sie nur auf unsere Geschenke, die sie sich erst holen wollten, wenn wir mit unserem Motorboot außer Sicht waren?

Da schrie einer der indischen Bootsmänner auf und deutete auf eine dunkle Gestalt, die ein paar hundert Meter entfernt am Dschungel entlanglief. Plötzlich war sie wieder weg. Verschwunden im Dschungel, um eine Landzunge abzukürzen. Sofort nahmen wir Fahrt auf und näherten uns der Küste bis auf etwa fünfhundert Meter. Da tauchte ein zweiter Jarawa auf, dann ein dritter und ein vierter. Wir hörten Schreie, mit denen die Männer am Strand weitere Stammesangehörige verständigten.

Mit einem Mal war meine Unruhe verflogen. Jetzt standen die Jarawa da am Strand, gestikulierten und schrien, und es konnte nur noch wenige Minuten dauern, bis wir diesen Menschen der ältesten Kulturstufe von Angesicht zu Angesicht gegenüberstehen würden.

Bei den drei vorausgegangenen Begegnungen hatten die Inder eine ganze Menge ihrer persönlichen Habe eingebüßt. Denn wie ahnungslose Kinder stürzten sich die Jarawa auf sämtliche ihnen unbekannten Gegenstände und nahmen sie in aller Harmlosigkeit an sich. Konnten sie mit ihrer Beute nichts anfangen, flog sie in hohem Bogen ins Meer. Damals waren auf diese Weise Fotoapparate, Uhren und Geldscheine über Bord verschwunden. Hüte, Taschentücher und Lebensmittel hatten sie behalten.

Jetzt, als wir die Jarawa am Strand erblickten, packten wir derlei Dinge in unseren Kabinen weg und verschlossen die Luke, die ins Schiffsinnere führte. Zuvor schon hatte Bhakhtawar Singh, wie bei seinen drei ersten Besuchen, rote und gelbe Bändchen am Mast befestigen lassen, damit die Jarawa sein Schiff wiedererkennen konnten. Diesmal baumelten zusätzlich zwei frisch abgeschlagene Bananenstauden über dem Deck.

Ohne daß wir darauf geachtet hatten, waren die drei Jarawa wieder verschwunden. Der vierte hatte die Höhe unseres Schiffes erreicht und blieb neugierig stehen. Zum ersten Mal konnte ich ihn durch das Fernglas genau betrachten. Er war höchstens anderthalb Meter groß, doch keineswegs zwergenhaft mißgestaltet oder gar verkrüppelt. Seine Haut besaß eine tiefschwarze Färbung, und ich erkannte deutlich das kurze dichte Kraushaar, das die Ethnologen recht anschaulich als »Pfefferkorn-Haar« bezeichnen.

Bis heute ist nicht bekannt, wie diese kleinwüchsigen Ureinwohner der Andamanen vom Festland auf die Inseln kamen. Die geologischen Gegebenheiten und die Flora bestätigen Alfred Wegeners Theorie von der Kontinental-Verschiebung, so daß die Andamanen wohl einst mit dem Festland verbunden waren. Es gibt dort so wenig Tiere, daß die Annahme etwas für sich hat, die Trennung vom Festland habe noch vor der Entwicklung der typischen Fauna Hinterindiens stattgefunden. All diese Erklärungsversuche sind hypothetisch.

Der Rasse nach gehören die Andamaner zu den wenigen Gruppen der heute noch existierenden Negritos.

Die *Jarawa* hatten die ganze Zeit ein Ruderboot im Schlepptau nachgezogen. Dieses bestiegen Bhakhtawar Singh und drei weitere Inder. Der Polizeichef hatte die Arme hoch über den Kopf gereckt und hielt eine Kokosnuß in den Händen. Langsam näherte sich das Boot dem Strand.

Da begann der Jarawa vorsichtig ins Wasser zu waten, hielt immer wieder an, hielt sich an einem schmalen Korallenriff fest und schwamm, als er den Inder wiedererkannte, auf ihn zu.

Während wir diese Szene gespannt verfolgten, erschienen weitere Jarawa in Dreier- und Vierergruppen am Ufer. Andere traten aus einem mehrere hundert Meter entfernten Dschungelabschnitt und liefen uns entgegen.

Wir waren sicher, daß einige Krieger, verborgen im Dschungel, ihre Bögen gegen uns gespannt hatten, aber wir vertrauten darauf, daß die Jarawa ihre Pfeile nur dann verschießen, wenn sie absolut sicher sind, ihr Ziel nicht zu verfehlen. Die Inder erzählten uns, daß sie nach Zusammenstößen mit den Siedlern die kostbaren Metallspitzen aus den Körpern der Toten und Verwundeten zu bergen pflegen. Meistens verwenden sie bei unsicheren Schüssen im Feuer gehärtete Hartholzspitzen. Man mag sich fragen, wie diese Menschen das Metall kennengelernt haben mögen. Sie müssen Eisen, Kupfer und Messing an den Trümmern der Schiffe gefunden haben, die vor ihren Inseln zerschellt waren. Zur Verarbeitung und zum Gebrauch des oft schon zugespitzten Metalls war es dann nur noch ein kleiner Schritt.

Aber heutzutage sind Schiffbrüchige selten. Man weiß um die Gefahren rund um die Andamanen; die Schiffe sind mit Maschinen bemannt und nicht mehr mit Seeleuten, und der Untergang eines Dampfers gehört bereits zu den Spitzennachrichten dieser Welt. So versiegte die jahrhundertealte Metallquelle der Jarawa. Sie waren auf Stehlen, Erbeuten oder Beschenktwerden angewiesen, oder auf die schlechteren Holzspitzen für ihre Pfeile. Sonst hätten sie ihre bisherige Bewaffnung und Lebensweise aufgeben müssen. In diesem Moment ihrer Geschichte hatte der Polizeioffizier Bhakhtawar Singh mit ihnen Freundschaft geschlossen.

Ins Meer mit allem Unbekannten!

Alle Jarawa erkannten den beliebten Sikh als Freund wieder. Schreiend und gestikulierend sprangen sie ins Meer, wateten und schwammen seinem Boot entgegen und erst jetzt erkannten wir, daß es kein Mann war, der sich als erster am Strand gezeigt hatte, sondern eine blutjunge Frau.

Ihr Busen war noch kaum entwickelt, eine dicke Strähne Bastfasern hatte sie wie ein Pfadfindertuch um den Hals geknotet, ein Kranz gelbgrüner Blumen balancierte auf dem Hinterkopf, vom Halsschmuck baumelten zwei lange Blütendolden über ihren Rücken. Die Kleine trug zwei bunte Plastikreifen vom letzten Besuch Bhakhtawar Singhs am linken Handgelenk, das rechte zierten zwei rote Bänder vom Mast der *Jarawa.* Aus dem Gesicht des Mädchens strahlte ein riesiges dunkelbraunes Auge, das andere war nur halb geöffnet und schien krank zu sein. Das Mädchen strahlte in einem fort und zeigte dabei vier unnatürlich breite Zähne im Oberkiefer.

Warum hatte man uns ein Mädchen entgegengeschickt? Weil es krank war, jung und fröhlich? Erst als das Mädchen Bhakhtawar Singhs Boot erreicht hatte und die anderen sahen, daß ihm nichts geschah, wagten sie sich ebenfalls ins Wasser.

Mit sechs Jarawa an Bord kehrt das Boot zu uns zurück. Es war Donnerstag, der 21. November 1974. Wir standen an der Reling, ohrenbetäubender Lärm drang vom Ruderboot herüber. Als es anlegte, schwangen sich die Jarawa an Bord. Und was jetzt passierte, ist in Worten kaum zu schildern: Singend, schreiend, gestikulierend, tanzend, springend stürzten sich die Andamaner auf uns. Ein Durcheinander entstand, das wie ein Naturereignis über uns hereinbrach. Ich wußte nicht, ob ich filmen, fotografieren, das Tonband anstellen oder einfach nur so dastehen und staunen sollte. Für Minuten bildeten Negritos, Festland-Inder und Europäer ein dichtes Knäuel von Armen, Beinen und Körpern, das durch den Seegang und den aufs Minimale begrenzten Raum an Bord noch grotesker wirkte.

Ein älterer Jarawa entdeckte die Jutesäcke, in denen wir ihnen Früchte mitgebracht hatten, riß sie auf und warf die schönen reifen Orangen sofort nach hinten über seine Schulter ins Meer – er kannte sie nicht, also waren sie nutzlos und gehörten wie alles Überflüssige ins Meer. Da merkten wir, wie klug Bhakhtawar Singhs Rat gewesen war, unsere Habseligkeiten unter Deck zu verstecken.

Sämtliche bunten Bänder, die am Mast flatterten, waren binnen Sekunden abgerissen und schmückten Köpfe, Arme, Hüften und Beine der Jarawa. Es war in dem Trubel nicht leicht, genaue Beobachtungen anzustellen. Nur mühsam konnte ich das dichte Pfefferkornhaar in Augenschein nehmen, das in kleinen Büscheln wächst und aussieht, als würden hunderte von schwarzen Ameisen über eine dunkelbraune Fläche krabbeln. Die Haut der Jarawa ist anthrazitgrau bis tiefschwarz. Im Gegensatz zu den mit ihnen verwandten Buschmännern, die in einem so trockenen Klima leben, daß ihre Haut praktisch nur aus Falten besteht, haben die Jarawa eine zarte und elastische Haut. Ihre Gesichter sind mittellang, ihre Nasen gerade und mäßig breit. Unter einem spitzen Kinn und dem relativ langen Hals folgt ein ebenmäßiger Körper. Die Augen sind auffallend groß, die Lippen niemals wulstig. Selten werden die Jarawa größer als anderthalb Meter.

Die Jarawa untersuchten uns wie einen seltsamen Gegenstand, den eine Sturmflut an ihren Strand geworfen hatte. Sie taten dies keineswegs behutsam, sondern besitzergreifend, heftig und ungeschickt. Sie rissen an den Knöpfen, zogen unsere Kopfbedeckungen herunter, griffen in die Hosentaschen und packten uns an den Haaren. Als einer meiner belgischen Freunde beim Lachen den Mund zu weit aufriß, entdeckten sie etwas, das sie noch nie gesehen hatten. Kräftige Hände zerrten an seinen Kiefern, sein Mund öffnete sich und gierig fuhren ihm die Jarawa mit den Fingern hinein: Sie hatten das Gold seiner Plomben erblickt, befühlten es und riefen nun alle anderen herbei, um ihnen diese Sensation zu zeigen. Als es dem Armen zu bunt wurde, deutete er auf mich und sofort ließen ihn die Jarawa los und stürzten sich auf meine Zähne. Nicht daß sie das Gold als etwas Wertvolles empfunden hätten – sie nahmen es lediglich als Neuheit zur Kenntnis.

Bei einem Inder fanden sie in der Gesäßtasche einen Kugelschreiber, den dieser vergessen hatte, und schauten staunend zu, wie einer der Fremden damit Muster auf die Innenfläche seiner Hand malte. Sie begriffen das sofort, schoben ihr Kinn vor, öffneten vor Erstaunen den Mund ganz leicht und malten sich wirre Linien in die Hände, deren Innenflächen viel weißer wirkten als die anderer Neger, weil diese Negritos eine weitaus dunklere Hautfarbe besitzen.

Einer von ihnen war sich offenbar nicht ganz im klaren darüber, ob ich ein Mann sei. Es verwirrte ihn, daß ich mein Haar damals etwas länger trug, und so tastete er mich von oben bis unten ab, hob mein Hemd hoch, entdeckte meine weiße Haut und rief die anderen herbei, die an seiner Entdeckung mit Gebrüll und Gelächter teilnahmen. Plötzlich griff er mit vollen Händen dorthin, wo ich eindeutig ein Mann war, einer zeigte mich dem anderen und erst dann wurde ich wieder in Ruhe gelassen.

Einem fielen die leuchtend blauen Augen von König Leopold auf. Ohne Hemmungen zerrte er an dessen Gesichtshaut herum, da er glaubte, auf diese Weise noch mehr Blau freilegen zu können.

In der Hoffnung, uns einige Minuten des Verschnaufens zu verschaffen, packte Bhakhtawar Singh weitere Geschenke aus: Bunte Glasperlen, einen großen Aluminiumtopf, gefüllt mit Fleisch, ein Stahlbeil und einen Spaten.

Beil und Spaten waren Geschenke, von deren Sinn und Nutzen ich nicht ganz überzeugt bin. Chief Commissioner Shri Harmander Singh versicherte uns immer wieder, daß er die in ihrem Urzustand verbliebenen Gruppen schützen wolle. Seine Absichten waren in Ordnung, aber dann diese Geschenke!

Ich mußte an ein Erlebnis denken, das ich vor Jahren im Dschungel von Neuguinea hatte. Als ich dem Häuptling der Passema, die noch nie einen Weißen gesehen hatten, ein scharf geschliffenes Beil mit der Erklärung schenkte, er könne damit viel leichter und vor allem schneller Bäume fällen als mit seinem Steinbeil, blickte er mich verständnislos an: »Wozu schneller?«

Ja, warum eigentlich. Ich mußte ihm recht geben. Zeit spielt für diese Menschen überhaupt keine Rolle, eine Stahlaxt würde ihren Lebensrhythmus sogar durcheinanderbringen.

Gid-Dig-Gid-Dig-Gid-Dig-Gid-Dig

Viele der Beobachtungen bei den Jarawa machte ich – so paradox das auch klingen mag – erst Monate später. Dann nämlich, als ich meine Foto- und Filmausbeute Bild für Bild, Meter für Meter durchging und alles das entdeckte, was mir an Bord im Gebrüll und der Aufregung entgangen war.

Da war zum Beispiel ein Halbwüchsiger, der jedesmal, wenn ich ihn fotografierte, den Kopf leicht nach hinten legte und die Augen so weit aufriß, daß seine Pupillen vom Weiß des Augapfels umgeben waren. Dann streckte er einen Finger und stach mir in die Linse. Oder er blickte so nahe ins Objektiv, daß seine Nase das eben geputzte Glas wieder unklar machte. Meinte er, meine Kamera sei ein geheimnisvoller Apparat, mit dem man die Seele stehlen konnte? Eine Annahme, die – wie sich später zeigen wird – gar nicht so abwegig ist. Oder erblickte der Jarawa lediglich ein nie geschautes Bild, das ihn selbst darstellte? Oder war das eine unbekannte Waffe, die wir, wenn wir wollten, auf ihn anlegen konnten? Wir wissen es nicht. Vermutlich war es das Spiegelbild, das ihn faszinierte.

Als die Jarawa die beiden Bananenstauden vom Mast gerissen hatten, konnten sie die gelben Früchte nicht essen. Also pellten wir sie auf, holten das weiche Fleisch heraus und steckten ihnen die Bananen in den Mund. Ich besitze einige komisch wirkende Aufnahmen, auf denen das pechschwarze Gesicht eines Mannes zu sehen ist, dem die weiße Frucht wie ein Nasenhorn aus dem Gesicht ragt. Sie mochten offensichtlich den Geschmack.

Zwei Männer, kräftige muskulöse Gestalten, ergriffen von einem weiteren Sack voller Kokosnüsse Besitz, indem sie sich mit beiden Füßen auf ihn stellten und nicht mehr herunterwollten. So erhöht, konnte ich sie zum erstenmal in aller Ruhe betrachten.

Sie waren nackt bis auf einen dünnen verschmutzten Bastfaden um die Hüften und ein breites Baumrindenband, das von der linken Schulter zur rechten Hüfte führte. Bastfäden zierten auch ihre Handgelenke und den Hals. Einer trug, wohl von einem vorherigen Besuch Bhakhtawar Singhs, eine Plastikperlenkette um den Hals. Und ich fand bestätigt, was die Negrito-Forscher bei ihnen vorausgesetzt hatten: ihr Körper ist nicht behaart. Weder in der Schamgegend, noch unter den Armen oder gar am Kinn. Bis auf das Pfefferkorn-Haar auf ihren Köpfen ist die Haut glatt wie die eines Neugeborenen.

Ein junges Mädchen erkletterte den drei Meter hohen Mast der *Jarawa*, hockte sich auf die doppelt-handbreite Spitze und lachte herunter. Ich hatte erst Schwierigkeiten, es als weibliche Person zu identifizieren, da sich bei ihm noch kein Busen zeigte und sie die Schenkel um den Mast gelegt hatte. Das Mädchen hielt in seiner rechten Hand eine halbgeöffnete Orange, deren Wert die Eingeborenen inzwischen erkannt hatten, öffnete den Mund und stieß einen schrillen, aber dennoch melodischen Schrei aus, der einmal wie »Gid-Dig-Gid-Dig-Gid-Dig« klang, ein andermal wie »Gidigidigidigidig«.

Die Jarawa drücken mit der unterschiedlichen Aussprache und Betonung offenbar zwei verschiedene Gemütsverfassungen oder Aufforderungen aus. In jedem Fall begriffen wir sehr schnell, daß es »Tanz mit mir«, »Sei fröhlich« hieß. Später stellte sich heraus, daß dieses »Gid-Dig-Gid-Dig-Gid-Dig« eine der wenigen Möglichkeiten war, die Jarawa zu stoppen, wenn sie irgendetwas taten, was wir verhindern wollten. Wir sangen es – dilettantisch – nach, schon fielen die Andamaner ein und die Szene wechselte.

Sonst mußten wir, um eine Kamera oder ein Hemd zu retten, sie mit sanfter Gewalt bei den Handgelenken nehmen und ihre Hände mit freundlichem Gesicht in eine andere Richtung lenken. Was einige aber nicht hinderte, den indischen Seeleuten die Unterhemden abzunehmen und sich selbst überzustreifen.

Ein zweites Mädchen hatte sich aus roten Tuchfetzen, die sie bei einem der vorherigen Besuche Bhakhtawar Singhs erbeutet hatte, eine Art lockeres Röckchen angefertigt: um den Bauch geschlungen mit zehn bis zwanzig herabhängenden Streifen. Diese Bekleidung hatte wohl weniger mit Scham, als mit einem ausgeprägten Dekorationsbedürfnis zu tun. Denn auch die Frauen und Mädchen der Jarawa gehen nackt.

Einige Männer trugen Oberarmbänder zwischen Bizeps und Schultergelenk, die aus Baumrinde gefertigt waren und die ich früher schon bei den Xingu-Indianern und den Papua in Neuguinea gesehen hatte. Ich vermute, daß diese Bänder die Aufgabe haben, die Muskeln an dieser Stelle durch leichtes Abschnüren hervortreten zu lassen. Für diese Annahme spricht der Umstand, daß zum Beispiel die Xingu-Indianer das Band vor jedem Ringkampf abnehmen.

Andere Jarawa, Männer wie Frauen, hatten sich Halsketten aus Kauri-Muscheln gebastelt; dazu sägen sie die Spitzen der Gehäuse ab und ziehen eine Schnur, die aus Fasern gedreht ist, durch die entstandenen Öffnungen. Leider habe ich später – an Land – kein Werkzeug entdecken können, mit dem diese beachtliche handwerkliche Leistung vollbracht wird.

Allmählich flaute das Interesse der Jarawa an uns ab. Sie hatten alle Geschenke, und noch weit mehr, in Besitz genommen und beruhigten sich nun. Das war der Moment, um mit dem Ruderboot an Land zu gehen.

Was ist eigentlich »primitiv«?

Unter Negritos versteht man kleinwüchsige Menschen von negerhaftem Aussehen, dunkelfarbig, kraushaarig, die anthropologisch als Negritide den Pygmäen zugeordnet werden. Das Wort kommt aus dem Spanischen und heißt: kleiner Neger.

Oft werden diese Menschen als primitiv bezeichnet. Das mag im landläufigen Sinne des Wortes wohl stimmen, bezeichnet aber ihren Entwicklungszustand nur von der hohen oder hoch angenommenen Warte unserer Zivilisation. Ich verwende dieses Wort nie, weil ich glaube, daß gerade ein Forscher weniger den gegenwärtigen Zustand, als vielmehr seine Ursachen untersuchen sollte.

Man darf gerade bei den Jarawa nicht vergessen, daß es der dichte Urwald war, der sie auf der einen Seite vor dem Untergang bewahrte, auf der anderen Seite aber in ihrer Entwicklung stark einengte. Sie wurden zu Genügsamkeit gezwungen, aber diese Genügsamkeit bedeutet keineswegs, daß die Jarawa – oder auch andere Stämme – etwa dumm, faul oder ungelehrig wären. Das beste Beispiel sind die Plattformen, die die Jarawa errichteten, damit die Inder ihre Geschenke ins Trockene legen konnten. Ich halte diese Maßnahme für ein Zeichen von Überlegung und Intelligenz!

Nach dem Vierteljahrhundert, in dem ich immer wieder mit sogenannten Primitiven zusammengelebt habe, möchte ich mich der Klassifizierung anschließen, die Martin Gusinde für die Menschen gefunden hat.

Er differenziert ganz klar zwischen »Naturvölkern« und »Geschichtsvölkern«. Charakteristisches Merkmal der zweiten Gruppe ist die Schriftsprache.

Albertus Magnus, der im dreizehnten Jahrhundert lebte, unterschied die Pygmäen noch von den Menschen. Das wäre heute undenkbar.

Auch gegen Gusindes Einteilung gibt es Einwände. Man denke nur an die Inka, von denen nur eine Knotenschrift bekannt ist. Mir scheint, daß es eigentlich gar keinen Sammelbegriff gibt, der allen Entwicklungsstufen gerecht wird.

Die Jarawa, die binnen Sekunden begriffen hatten, wie ein Kugelschreiber funktioniert, die sofort erkannten, wie man ein Unterhemd anzieht und die in der Lage waren, ein tuckerndes Schiff zu erklimmen, das ihnen so fremd sein mußte, wie uns das Raumschiff aus einem Science-Fiction-Roman, diese Menschen waren nicht primitiv.

An Land bei den Jarawa

Das kleine Ruderboot war längsseits gegangen und wir bereiteten uns auf den Landgang vor. König Leopold war bereits im Boot, dazu Forstmeister Sinha, Polizeioffizier Bhakhtawar Singh und – ehe wir uns versahen – auch so viele Jarawa, daß die Kapazität des Nachens erschöpft war. So stand ich an der Reling und erkannte, daß ich diesmal noch nicht mit an Land konnte. Was mir ganz recht war, denn auch einige Jarawa waren an Bord geblieben und so ergab sich die günstige Gelegenheit, sie viel ungestörter und natürlicher zu beobachten.

Dann kehrte das Ruderboot zurück, wir suchten die schmale Durchfahrt durch das Korallenriff, und ein paar Minuten später sprang auch ich auf den Strand. Es fiel mir auf, daß nur drei Jarawa jung und kräftig waren. Kleine Kinder und alte Frauen fehlten ganz. Sicherlich hatte man die drei Krieger zur Bewachung des Lagers zurückgelassen, während die anderen auf Jagd gingen oder als Reserve im Dschungel geblieben waren für den Fall, daß wir unsere friedlichen Absichten doch noch ändern sollten. In der Tat bekamen wir bei diesem Besuch nur die Jarawa zu sehen, die auch bei uns auf dem Motorboot gewesen waren.

Ganz trauten uns die Jarawa also doch nicht; denn wir konnten nach wenigen Minuten erkennen, daß sich ihr Hauptlager tiefer im Dschungel befand, zu dem sie uns aber nicht führten. Sie besitzen neben den ständig von ihnen bewohnten Hütten provisorische Unterkünfte, die sie zum Schutz gegen die Witterung errichten. Diese Hütten bestehen aus vier Pfählen, an denen zwei

Querbalken befestigt werden, die Seitenwände füllen sie mit Baumfasern und Blättern aus. Darauf wird ein Pultdach aus Palmblättern oder Gras gelegt. Es reicht tief hinunter auf den Boden, berührt ihn aber nicht. Die Öffnung ist nach Nordosten gerichtet, so daß der Südwest-Monsun auf das abgeschrägte Dach trifft.

Ein paar Schritte weiter, im Dschungel, stand ein großes Gemeinschaftshaus. Es war der Umgebung so angepaßt, daß wir es später vom Schiff aus nur deshalb sahen, weil wir wußten, daß es dort stand. Das Haus war ein Rundbau, etwa fünf Meter hoch und zehn Meter im Durchmesser. Es gab keinen Eingang, aber das Dach, das aussah wie ein Friesendach oder ein Schwarzwälder Dach, besaß in Bodennähe ein paar Öffnungen, die bis zu anderthalb Meter hoch waren. Stand man vor einer solchen Behausung der Jarawa und bückte sich, so waren im Inneren Balken zu sehen, die die getrockneten Palmblätter hielten, die das Dach bildeten. Die Erbauer der Hütte hatten sich dabei einer raffinierten Technik bedient: Sie spalteten die Palmblätter der Länge nach in der Mitte und schichteten die Hälften mit den Blattspitzen nach unten aufeinander. So paßten sie zusammen wie Ziegel und waren genauso regendicht.

Ich bückte mich und kroch durch eine der Öffnungen.

In der Mitte der Hütte rauchte eine große Feuerstelle, die offensichtlich allen gehörte. Hier, so vermutete ich, wurde das bei einem Blitzschlag gewonnene Feuer für die Gemeinschaft bewahrt. Jede einzelne Familie besaß dann ihren eigenen Herd. In dieser Hütte zählte ich vierzehn weitere Stellen, die allerdings nicht in Betrieb waren. Ziehen die Jarawa weiter, so nehmen sie das Feuer stets mit. Diesen Vorgang haben wir allerdings nicht gesehen; aber man weiß davon durch Beobachtungen während der britischen Strafexpeditionen und aus der Literatur.

Das Feuer ist ihr kostbarster Besitz. Es hält sie warm, vertreibt die Insekten, räuchert die wenigen Vorräte und dient zum Kochen. Die Jarawa nehmen ausschließlich Nahrung zu sich, die gekocht, gebraten oder geräuchert ist. Mit Ausnahme der Früchte natürlich. Das Kochen geschieht über dem offenen Feuer, oder das Fleisch wird in Blätter gehüllt, in die glühende Asche oder zwischen heiße Steine gelegt. Pro Tag sind zwei Hauptmahlzeiten vorgesehen; eine am Morgen, die andere nach Sonnenuntergang. Letztere findet gemeinsam statt. Dabei ist typisch, daß alle Hüttenbewohner das gleiche bekommen und keiner, ob alt oder jung, männlich oder weiblich, bedeutend oder unbedeutend, bevorzugt wird.

Muscheln sind die Hauptnahrung der Jarawa. Uns waren schon auf dem Weg zur Hütte die Haufen von leeren Schalen aufgefallen, die die Jarawa als Abfall weggeworfen hatten. Dazwischen lagen – Müll einer fernen Zivilisation – Plastikbehälter, die das Meer angeschwemmt hatte. Einer der Jarawa brachte mir, als ich in der Hütte stand, etwas für ihn ganz seltenes: eine gläserne Flasche von dreiviertel Liter Inhalt. Auch sie hatte der Ozean in die Steinzeit gespült.

Bhakhtawar Singh hatte uns erzählt, daß diese Hütte bei einem seiner vorherigen Besuche peinlich sauber gewesen sei und er zahlreiche Bogen und Speere gesehen habe. Diesmal war das Haus schmutzig und verwahrlost. Wir entdeckten nur sieben halbfertige Bogen, die an einer Wand lehnten. Die Jarawa mußten also in der Zwischenzeit woanders leben.

Interessant waren die vielen Wildschweinschädel, die unter der Decke hingen oder achtlos am Boden lagen. Die Jarawa hatten die Ober- und Unterkiefer mit Bastfäden kunstvoll zusammengebunden. Es war dabei ein Ornament entstanden, das auf eine kultische Bedeutung hinwies.

An der Außenwand sah ich vier sechzig Zentimeter hohe Gefäße von vierzig bis fünfzig Zentimeter Durchmesser, die den Jarawa als Wassertanks dienten. Es waren ausgehöhlte Stücke aus einer Palme, die mit Baumharz abgedichtet worden waren. Als ich einen der Behälter anhob, war ich überrascht, wie leicht er war. Aber Bastschlingen, die rundherum angebracht waren, deuteten darauf hin, daß diese Tönnchen auch zum Holen des Wassers benutzt wurden und deshalb leicht sein mußten.

Wir hielten uns nur kurz in der Hütte auf, da wir nicht wollten, daß die Jarawa mißtrauisch würden. Ich war auch für diesen kurzen Aufenthalt schon dankbar. Vielleicht konnten wir die Bogen und Pfeile, die wir so gern gesehen hätten und die sie im Dschungel oder in einer anderen Hütte versteckt haben mußten, draußen sehen.

Gleich neben dem Gemeinschaftshaus floß ein kleiner Bach, der jetzt nur ein trauriges Rinnsal bildete, bei Regen jedoch über seine Ufer trat, wie wir an zahlreichen Spuren ersehen konnten. Die Hütte geriet dadurch aber nicht in Gefahr. Überhaupt, so stellte ich fest, war der Lagerplatz ideal gewählt. Der riesige Strand, die weite Bucht, der schützende Dschungel, der Bach und fünfhundert Meter landeinwärts ein bewachsener Felsen, der Schutz vor dem Landwind bot.

Anspringen zur Begrüßung

An Land lernten wir einige merkwürdige Gebräuche kennen. Zum Beispiel die Begrüßung: Man nimmt im Schoß eines Sitzenden Platz und legt ihm die Arme um den Hals. Nun saßen wir aber nicht im Sand (und an Bord war für diese Zeremonie zu wenig Platz gewesen). Also sprangen uns die Jarawa an, schlangen ihre Beine um unsere Hüften und umarmten uns im Stehen heftig.

Bhakhtawar Singh hatte entdeckt, daß alle Arten körperlicher Spiele den Jarawa so viel Spaß bereiteten, daß sie sie kreischend vor Freude kopierten. So bemühten sich gerade die Mädchen, den kugelrunden Bauch des Polizeioffiziers mit beiden Armen von hinten zu umfassen und den ganzen Mann hochzuheben. Was ihnen – bei diesem Gewicht! – natürlich nicht gelang. Sinha, der Forstbeamte, war noch dicker, und so versuchten sich an ihm die stärksten Männer – und kugelten sich vor Lachen, als sie es nicht schafften.

Erstaunt sahen die Jarawa zu, wie Bhakhtawar Singh seinen blauen Turban abnahm und sein langes Haar löste. Immer wieder fuhren sie dem Sikh durch die weißen Strähnen. Sie liebten es, wenn er, der sich selbst als Vater der Jarawa betrachtet – denn er hatte den ersten Kontakt zu ihnen hergestellt –, sie an den Schultern packte und in ein paar ungelenken Tanzschritten umherführte.

Dann schnitten wir Grimassen, die sie zu imitieren versuchten, und die bei ihnen große Heiterkeit auslösten. Sagten sie etwas, versuchte ich es nachzusprechen. Aber verständnislos blickten sie mich an. Trotzdem: Es ist immer eine gute Sache und hat sich auf meinen Expeditionen schon oft bewährt, wenn man etwas tut, um andere zu bewegen, es nachzumachen. Oder wenn man sich bemüht, das, was die anderen tun, vorsichtig und taktvoll, so daß es nicht als lächerliche Nachahmung oder Verächtlichmachen empfunden wird, ebenfalls zu versuchen.

Ich streifte am Ufer entlang und ging einige Schritte in den Dschungel hinein, um weitere Anzeichen der Jarawa-Kultur zu entdecken. Vor allem hoffte ich, Küchenabfallhaufen zu entdekken, denn durch diese erfährt man das meiste über die Ernährungs- und Lebensweise der Bewohner. Auch auf Süd-Andaman hatten die Anthropologen schon frühzeitig begonnen, Küchenabfallhaufen zu untersuchen, aber hier – auf Mittel-Andaman – konnte ich keine entdecken. Das liegt vielleicht an der halbnomadischen Lebensweise der Jarawa. Möglich auch, daß sie durch die sporadischen Erdbeben und den häufigen Regen zerstört worden sind.

Süd-andamanische Küchenabfallhaufen sind kreisrund, etwa zwei bis zehn Meter hoch, und bilden einen Kegel. Durch Freilegung der einzelnen Schichten konnte man feststellen, daß diese Abfallkegel sehr, sehr langsam wachsen, nach Lidio Cipriani, Professor an der Universität Florenz, nur zwanzig Zentimeter in hundert Jahren. Bei zehn Meter Höhe käme man somit auf ein Alter von fünftausend Jahren.

Diese Haufen bestehen hauptsächlich aus Tierüberresten, also Knochen und Muscheln. Es ist jedoch nur äußerst selten gelungen, annähernd komplette Skelette zusammenzubekommen, da die Feuchtigkeit alles sehr schnell zersetzt.

Die Frauen sind gleichberechtigt

Wir waren etwa zwei Stunden an Land, als Bhakhtawar Singh zum Aufbruch drängte. Da fanden wir einen Pfeil, der dem Expeditionsleiter, König Leopold, überreicht wurde. Das Geschoß trug eine völlig verrostete Metallspitze.

Der Abschied wurde uns nicht einfach gemacht; die Jarawa kletterten in das Ruderboot, das so tief sank, daß das Wasser über die Bordwand schwappte. Ich nutzte die günstige Gelegenheit, bis zur nächsten Fahrt an Land zu bleiben.

Es war nun ganz still am Strand. Von Zeit zu Zeit tauchte ein Jarawa auf, ging achtlos an mir vorbei oder kam auf mich zu. Endlich erblickte ich auch eine Frau mit einem Baby. Leider hatte sich der Himmel bewölkt und es war fast schon zu dunkel geworden, um Fotos zu machen. Eine merkwürdige Sache, die Jarawa zu fotografieren: Einige nahmen auf umgestürzten Bäumen Platz und sahen interessiert zu, andere – vor allem Frauen – liefen ängstlich weg, wieder andere gingen so nah auf die Kamera zu, daß nur ihre Nase im Sucher erschien.

In der Stille, die über den Strand hereingebrochen war, wurde mir die Gesellschaftsform, in der diese Steinzeitmenschen leben, klarer.

Die Jarawa kennen, wie alle Pygmäen, kaum Privatbesitz. Was sie haben, gehört der Gemeinschaft. Eine wesentliche Quelle von Streitigkeiten oder kriegerischen Auseinandersetzungen ist damit ausgeschaltet. Entdeckt aber zum Beispiel ein Jarawa einen Baum, aus dem er einen Wasserbehälter schnitzen möchte, so verkündet er laut seinen Besitzanspruch, und alle anderen werden den Baum als sein Eigentum anerkennen. Nicht anders ist es mit einem gesichteten Wildschwein, einem Fisch, den er entdeckt, oder einem Schmuckstück, das sich eine Frau angefertigt hat. Und natürlich sind die Waffen eines Mannes sein ganz persönlicher Besitz.

Es besteht kein gesellschaftlicher Unterschied zwischen Mann und Frau, keine geschlechtliche Diskriminierung.

Jenes Mädchen, das sich als erstes an den Strand gewagt, die junge Jarawa-Frau, die wie eine Katze den Mast erklommen oder jene Frau, die ihr Baby zum Strand gebracht hatte, sie alle waren innerhalb ihres Stammes gleichberechtigt. Wir werden später noch sehen, daß die Gleichheit zwischen Mann und Frau auf anderen Inseln der Andamanen noch viel weiter geht.

Als ich, versunken in diese Gedanken, am Strand stand, holte mich ein dumpfer Klang in die Wirklichkeit zurück – ich hatte doch recht: Fünfunddreißig Jarawa waren bisher aufgetaucht, dreihundert soll es insgesamt geben. Die Gemeinschaftshütte, die wir vorgefunden hatten, war verlassen. Also mußten da hinter dem undurchdringlichen Dschungel, vielleicht in der Nähe jenes bewachsenen, steil aufragenden Felsens, die Krieger, die Alten, die Kinder sein.

Jetzt hörte ich sie. Es war ein dumpfes Schlagen, wie von einer Trommel und doch ganz anders. Viel erdverbundener und tiefer, vibrierender. Was ich hörte, war ein Busch-Telegraph, war »Buttress Beating«.

Dies ist wohl die originellste und schönste Art, in freier Natur und ohne technische Hilfsmittel Nachrichten über weite Strekken zu senden. Man schlägt dabei mit einem Knüppel oder einer Keule gegen Baumwurzeln, die in zwei bis drei Meter Höhe am Stamm beginnen, wie Fächer nach außen wachsen und als zwei bis drei Meter breite Holzlamellen in den Erdboden verschwinden. Man muß sich das vorstellen wie einen Strebepfeiler (auf

Englisch »Buttress«). Der dumpfe Ton setzt sich als Schallwelle in der Luft und als Vibration im Erdreich fort.

Bei diesem »Buttress Beating« mußte ich unwillkürlich an meine Jugend denken, als wir gegen Eisenbahnschienen klopften, dann das Ohr daran gelegt und den Schwingungen gelauscht hatten, oder an das dumpfe Vibrieren, das einen Zug ankündigte.

Über viele Kilometer hinweg können die Eingeborenen auf diese Weise Kontakt halten oder Eindringlinge auf ihre Anwesenheit hinweisen. Genauso verständigen sich die Ranchi, jene Festland-Inder, von denen es mittlerweile zwölftausend auf den Andamanen und den benachbarten Nikobaren gibt. Sie benutzen das »Buttress Beating« vor allem dann, wenn sich einer von ihnen im Dschungel verirrt hat und die Richtung gezeigt bekommen soll.

Außerdem verwenden die Jarawa – wie die Indianer Nordamerikas – abgebrochene Zweige, die in die gewünschte Richtung zeigen. Von den Strafexpeditionen der Engländer und Groß-Andamaner wissen wir, daß die Jarawa die Zweige oft auch irreführend knickten, um den Feind immer tiefer in den Dschungel zu locken.

Zwei wollen nicht von Bord

Ohne sich um mich zu kümmern, suchten eine ältere und eine jüngere Frau am Strand nach Treibholz. Die jüngere war freundlich und zutraulich, die ältere zurückhaltend. Beide trugen Babies mit sich. Die eine auf dem Rücken, die andere an der Brust. Wo kamen sie plötzlich her? Sie waren nicht auf dem Schiff gewesen und nicht in der Gemeinschaftshütte. Es mußte dort hinter den Bäumen noch viel mehr Jarawa geben. Aber warum zeigten sie sich nicht? Mich beschlich ein ungutes Gefühl: Mit Sicherheit waren ihre Pfeile tödlich. Hatten sie gewartet, bis einer der Fremden allein zurückbleiben würde? Oder hatten sie mehr Angst vor mir als ich vor ihnen? Unwahrscheinlich, denn ihr Mut, ihr Kampfgeist und ihre Wildheit waren ja bekannt.

Die Rückkehr des Bootes erlöste mich von meinem Argwohn. Aber immer noch befanden sich Jarawa an Bord, diesmal zehn. Bhakhtawar Singh gelang es einfach nicht, sie abzuschütteln. So nahmen wir sie wieder mit auf das Schiff. Dort hatte einer der Expeditionsteilnehmer inzwischen ein Band ablaufen lassen, auf dem er zuvor die Stimmen der Jarawa aufgenommen hatte. Jetzt wollten sie immer wieder das Tonband hören und begleiteten sich laut singend selbst.

Mit liebevoller Geduld brachte Bhakhtawar Singh schließlich einen nach dem anderen rudernd an Land, bis noch ein alter und ein junger Mann übrigblieben. Sie sträubten sich mit Händen und Füßen gegen das Verlassen des Schiffes und so versuchten wir es mit Methoden, die uns selbst in einem ähnlichen Falle erschreckt hätten: wir ließen den Motor aufheulen, die Sirene kreischen und fuhren scheinbar ab. Die Jarawa blieben ungerührt. So mußten wir sanfte Gewalt anwenden, um sie ins Ruderboot zu bekommen. Am Strand verlangten sie dann von Bhakhtawar Singh, er solle mit ihnen tanzen, und der gemütliche Dicke tat ihnen den Gefallen, schwenkte seinen Bauch – und animierte die beiden so sehr, daß sie mit ihm wieder ins Ruderboot stiegen.

Was mochte wohl in ihren Köpfen vorgehen? Beim Abschied auf dem Schiff waren sie zunächst noch fröhlich, sie tanzten und sangen ihr »Gid-Dig-Gid-Dig-Gid-Dig«. Aber als wir dann Gewalt anwenden mußten, um die zwei Männer als letzte von Bord zu bekommen, funkelten die Augen des jüngeren böse und er stellte sich mit geschwellter Brust breitbeinig und provozierend an die Reling. Vielleicht war es nur kindliche Enttäuschung, daß sie nicht mit uns fahren durften, oder aber Verärgerung darüber, daß sie sich mit uns nicht verständigen konnten.

Ich erinnere mich einer Episode, die ich mit unserem tibetischen Koch Tenzing in Kitzbühel erlebte. Er konnte anfangs kein Wort deutsch oder englisch, und ich war der einzige Mensch, der sich mit ihm in seiner Muttersprache unterhielt. So wurde seine Miene immer finsterer, und als ich ihn nach dem Grund fragte, antwortete er mir tatsächlich, er sei wütend auf sich selbst, weil er nicht mit den anderen, zum Beispiel meiner Frau, reden könne. Ging es diesen beiden Jarawa ähnlich?

Der Anker wurde eingeholt, das Boot nahm Kurs auf Port Blair, wir blickten noch einmal zu dem Strand, der menschenleer war. Die dreieinhalb Stunden, die wir an dieser Küste verbracht hatten, erschienen uns jetzt wie ein flüchtiger Traum.

Daß die Jarawa zu ihren Hütten gelaufen waren, hatte einen ganz einfachen Grund. Die Fremden waren wieder weg, endlich war Zeit, ihre Geschenke und die Dinge, die man sich genommen hatte, genau zu inspizieren.

Die Dämmerung senkte sich über die Inseln. Es war gerade

noch hell genug, um in den Kronen der uralten Bäume Orchideen, Philodendron und gelbe Hibiskusblüten zu erkennen. Dazwischen wucherten Lianen, die sich wie dicke Seile von Ast zu Ast spannten. Das laute Geschrei der kleinen grünen Papageien wehte zu uns herüber. Wir konnten sie nicht sehen, da sie sich von dem grünen Dschungel nicht abhoben. Aber plötzlich flogen sie zu Hunderten in den abendlichen Himmel auf, um sich einige Meter entfernt erneut niederzulassen. Was erschreckte sie? Vermutlich Jarawa, die unter ihnen herumliefen.

Flat-Island tauchte auf, dann die Foul Bay und der Sund zwischen Mittel- und Süd-Andaman. Millionen von Bakterien glühten als »Meeresleuchten« auf dem fauligen Boden des flachen Meeresarmes. Wie Glühwürmchen unter Wasser sah das aus, oder wie ein Sternenhimmel, zu dem man hinabblickt. Ein unvergeßliches Bild!

Warum waren wir nicht länger bei den Jarawa geblieben? Es wäre nichts dabei gewesen, eine Nacht vor ihrer Küste liegenzubleiben. Aber wir hatten uns vorher abgesprochen, so schnell, wie es vertretbar war, wieder wegzufahren. Der Grund war ganz einfach: Die Jarawa sind gesund, und ein Schneuzen, Niesen oder Husten von uns hätte sie gefährden, vielleicht sogar den ganzen Stamm ausrotten können.

Dabei fällt mir ein, wie einer der Jarawa meinen Kopf zu sich herunterholte und sein Kinn an meinen Bartstoppeln rieb. Das war keine Begrüßungszeremonie, sondern einfach Neugier: Der Jarawa wollte die für ihn seltsame Behaarung körperlich spüren.

Zwei Jahre Warten auf das tönende Brett

Wieder in Port Blair, nützte ich die Wartezeit bis zu unserem nächsten Ausflug, um das kleine anthropologische Museum zu besuchen, das von dem verantwortungsbewußten und kompetenten Wissenschaftler T. N. Pandit geleitet wird.

Pandit hat bereits einige Arbeiten über die Ureinwohner der Andamanen veröffentlicht und zeigte mir als eine der Attraktionen seiner Sammlung ein »Sounding Board« – ein »tönendes Brett«. Es ist das einzige seiner Art und wurde von einem der überlebenden Groß-Andamaner gefertigt.

Wie lethargisch diese letzten Dreiundzwanzig ihrer Art bereits sind, zeigt ein Auftrag des Museumsdirektors: Zwei Jahre vor meinem Besuch hatte er ein weiteres Board in Auftrag gegeben und einer der Groß-Andamaner hatte damit angefangen. Seitdem wartet T. N. Pandit auf die Lieferung. So konnte es auch mir nicht gelingen, dieses seltsame Instrument zu erwerben.

Das »tönende Brett« ist etwa einen Meter lang, rund vierzig Zentimeter breit und gewölbt. Es sieht ein bißchen aus wie ein nach hinten verlängerter Souffleurkasten oder ein überdimensionaler Fingernagel. Die Groß-Andamaner schneiden es aus einem Baumstamm, wobei sie ein etwa zwei bis drei Zentimeter dickes Stück aus der Rundung holen.

Im Gegensatz zum »Buttress Beating« diente das »tönende Brett« nicht der Überbrückung großer Entfernungen. Es ist vielmehr so konstruiert, daß eine Anzahl von Tönen unterschiedlicher Höhenlagen hervorgebracht werden können. Mit diesem

Musikinstrument wurde ein Rhythmus geschlagen. Heute sind sich selbst die Groß-Andamaner über den ursprünglichen Zweck dieses Brettes nicht im klaren.

Tritt man auf das spitze, sich verjüngende Ende des Brettes, wippt es leicht hoch, dann wird es durch Schlagen mit einem Holz zum Tönen gebracht. Der Hohlraum zwischen Brett und Boden wirkt dabei als Resonanzkörper. Wir haben das »Sounding Board« im Museum ausprobiert und dumpfe, aber melodische und keineswegs unangenehm klingende Töne damit erzeugt.

Über ein besonderes Ausstellungsstück verfügt auch das Marinemuseum: eine präparierte Kokosnuß-Krabbe (Birgus Latro Alcock). Der deutsche Zoologe Rudolf Altevogt hatte das Tier von Süd-Sentinel, einer unbewohnten Insel zwischen Süd- und Klein-Andaman, mitgebracht. Es ist dies einer der wenigen Orte im indisch-pazifischen Raum, wo diese bis zu vierzig Zentimeter großen Krabben anzutreffen sind.

Altevogt hatte den gepanzerten Riesen lebend nach Port Blair mitgenommen und dort auf den Tisch des Chief Commissioners gelegt. Der deutsche Wissenschaftler wollte demonstrieren, wie zahm das Tier ist, und streichelte es. Da schnappte die Krabbe zu und brach ihm mit ihrer Schere einen Finger. Was nicht verwundert, denn der Name »Kokosnuß-Krabbe« besagt ja, daß sie eine Kokosnuß knacken kann.

So interessant die Museen für uns waren – wir wollten wieder Menschen sehen. Shri Harmander Singh, der Chief Commissioner, arbeitete einen Plan aus, der unser Programm während der kommenden zwei Wochen in ein präzises Schema bringen sollte. Aber was nützt alle Vorsorge, wenn das Wetter nicht mitmacht. Anhaltender Regen verhinderte unsere Ausfahrt.

Mußten wir nicht glücklich sein mit dem, was wir bisher gesehen hatten? Als erste Nicht-Inder bei den Jarawa...

Waren nicht die Neugierde, das Betasten, Beschnuppern, all das Staunen und die Verwunderung gegenseitig? Wir hatten die

Jarawa genauso interessiert angestarrt wie sie uns. Aber eines Tages, der hoffentlich noch in weiter Ferne liegt, wird das Staunen einseitig sein. Dann nämlich, wenn nur wir noch die Jarawa wie ein Weltwunder ansehen werden. Wenn die Jarawa Spiegel besitzen und sich nicht mehr über ihr Bild im Objektiv der Kameras wundern werden. Und wenn es sie nicht mehr interessieren wird, ihre eigenen Stimmen auf dem Tonband zu hören. Speckfalten und weiße Haut werden dann normale Dinge für sie sein und sie werden Unterhemden und Hosen tragen und auf das Transistorradio lauschen, das sie wie einen neuen Körperteil bei sich tragen werden.

Mit Kokosnuß-Stückchen, Bananen und bunten Bändern werden sie dann nicht mehr zufrieden sein. Aber sollen wir wirklich einen Menschenzoo anlegen? Nur wenn man diese Menschen konsequent in Frieden ließe und keine Besuche mehr erlauben würde, könnte diese Entwicklung aufgehalten werden. Aber die Zeit wird auch an ihnen nicht spurlos vorbeigehen. Denn schließlich sind auch die Jarawa Bürger Indiens und haben unter anderem Anspruch auf ihr Wahlrecht.

Ich kenne diese Entwicklung von einem anderen Teil der Welt her, aus Französisch-Guayana. Die dort lebenden Indianer vom Stamme der Ojampi sind als Bürger eines überseeischen Departements wahlberechtigt. Also bekamen sie, als ich mich bei ihnen aufhielt, Plakate, die für Georges Pompidou warben. Eine ähnliche Wahlpropaganda gibt es heute bereits bei den Onge auf Klein-Andaman.

Als ich den Chief Commissioner Harmander Singh auf die Diskrepanz zwischen seinen guten Absichten und dem, was man als demokratische Spielregeln bezeichnen könnte, ansprach, sagte er: »Ich werde zwar irgendwann versetzt werden, hoffe aber meinen Nachfolger in meinem Sinne beeinflussen zu können.«

Aber was geschieht, wenn der Film Raghubir Singhs im Fernsehen läuft oder indische Politiker seine Fotos in ausländischen

Zeitungen sehen? Wird dann nicht ein Gegner der jeweils gerade regierenden Partei aus taktischen Gründen mit den »armen Andamanern« argumentieren? Er wird Schulen, Hospitäler und »menschliche Behandlung« fordern, und dann ist der Chief Commissioner – so gut seine Absichten auch sind – weisungsgebunden.

Es gibt zahlreiche Beispiele dafür, daß politische Richtungen Ureinwohner oder im Urzustand lebende Stämme als Alibi für ihre »Fortschrittlichkeit« mißbraucht haben.

Zum Beispiel Zaïre. Warum, so werden Forscher und Journalisten immer wieder gefragt, wollt ihr ausgerechnet unsere Pygmäen fotografieren? Wir haben doch auch Watussi von zwei Meter Größe, nehmt doch die auf! Es ist dies eine Art Minderwertigkeitskomplex, dem auch die Inder unterliegen. Mit Sorge betrachtet die Regierung in Neu-Delhi jeden, der fotografiert, wie einer die geöffneten Hände unter eine Kuh hält und sich mit ihrem Urin die Lippen benetzt, weil dieses Tier heilig ist.

So unrecht, das muß man allerdings auch wieder zugeben, haben die Entwicklungsländer dabei gar nicht. In den Augen der Öffentlichkeit beginnt das Image eines Volkes auf der untersten, der primitivsten Stufe. Die Welt sieht nicht das Stahlwerk mit der enormen Kapazität, sondern einen Eingeborenen, der sich nie wäscht. Warum er das nicht macht, interessiert nicht. Es heißt dann eben, alle Bewohner dieses Landes waschen sich nicht oder schlürfen den Urin der Kühe.

Die Folge: Die Regierungen verteidigen sich mit den Mitteln, die ihnen zur Verfügung stehen. Entweder werden diese noch unberührten Menschen nicht gezeigt, oder man zivilisiert sie und zerstört damit ihre Kultur.

Bemalt, amüsiert,
verschämt: Onge auf Klein-
Andaman

Bhakhtawar Singh, der »Vater der Andamaner«, mit zwei Jarawa-Frauen

Bastfasern aus dem Dschungel und Stoffetzen von Bord: So schmückt sich eine Jarawa-Frau

Port Blair,
die Hauptstadt der Andamanen

Mit halbierten Palmenblättern gedeckt: Das Gemeinschaftshaus der Jarawa auf Mittel-Andaman

Sounding Board: Das einzige heute noch existierende Exemplar. Die Groß-Andamaner schlugen damit den Rhythmus

Buttress Beating: Ein dumpfer Ton entsteht, wenn die Jarawa gegen die ausgestellten Wurzeln dieser Bäume schlagen – ein weittragender Buschtelegraph

Die Hütten der Onge am Dugong Creek

Die Lordose: Riesengesäße, die es den Onge fast unmöglich machen, sich zu bücken

Bastquasten als Lendenschurz: Onge-Frauen, zum Teil mit »Gesichtsmaske« formieren sich zum Fruchtbarkeitstanz

Babys am Band: Ein »bemaltes« Kind kniet auf dem Steiß der Mutter

Kunstwerk aus Lehm und Asche: Onge mit Gesichts-bemalung

Auch so wird gemalt: Zwei Onge färben sich die Körper rot

Eine tödliche Waffe: Mit diesen riesigen Bögen verschießen die Onge Harpunenpfeile

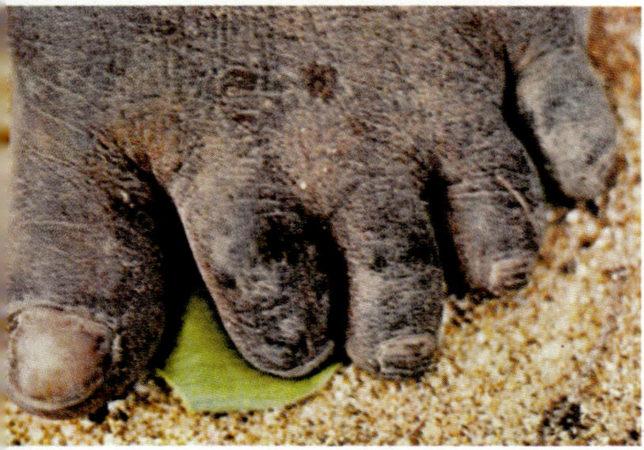

Der Fuß eines Onge: Die Zehen stehen weit auseinander. Die Natur hat sie zum Klettern verformt

Ein selten gewordener Anblick: Onge-Mann mit Gesichtsmaske trinkt aus einer Nautilus-Muschel

Die Kunst des Rauchens auf andamanisch: Der Tabak wird in eine angebohrte Hummerschere gestopft

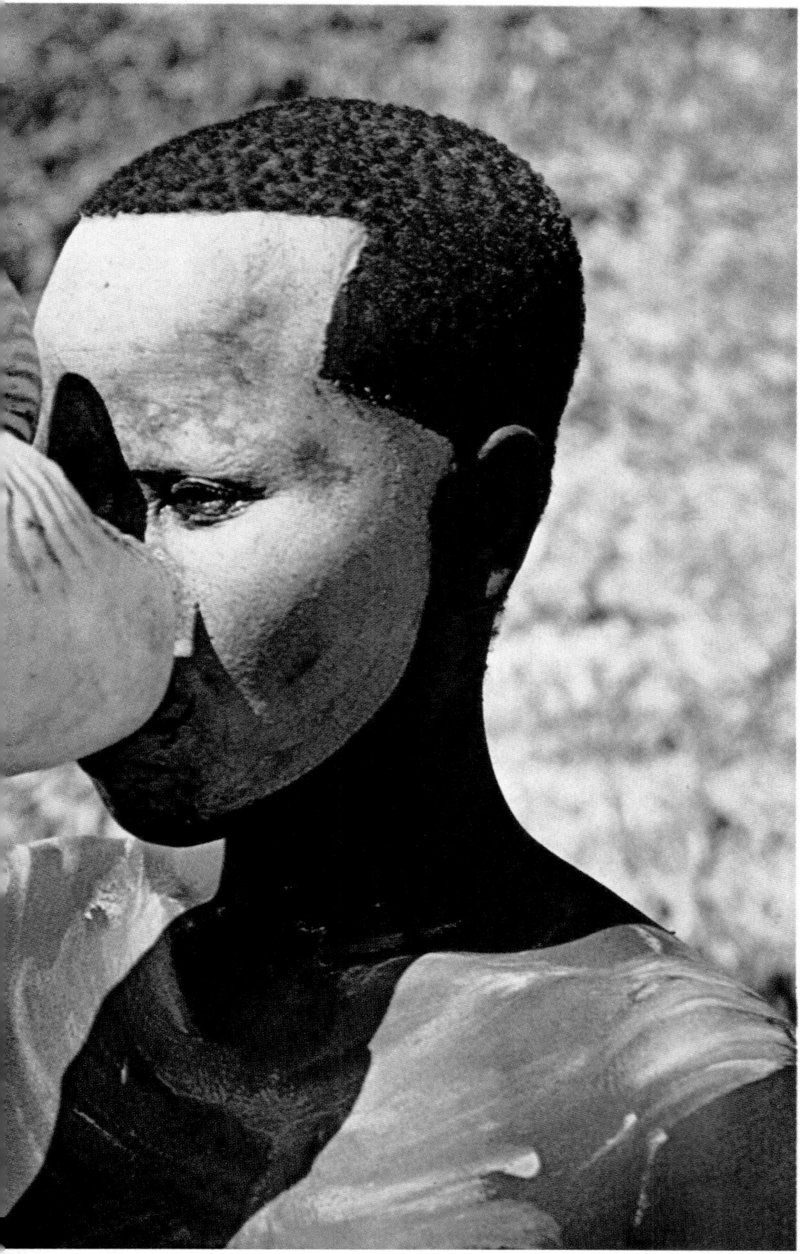

Zwei physikalische Tricks auf einmal: die Balance-Stange und die Blätter im Eimer, damit das Wasser nicht überschwappt

Onge mit ihrem raffinierten Auslegerboot

Saddle Peak, der höchste Berg der Andamanen (von Diligpur aus gesehen)

Rippen gebrochen und 108 Blutegel-Bisse: Heinrich Harrer nach der Besteigung des Saddle Peak

Drei Gebräuche, die im Aussterben begriffen sind: Die Bemalung, eine Nautilus-Muschel als Trinkgefäß und der Tragegurt für die Babies

Mit der Ruhe des Überlegenen hat sich der Sentinelese in der Astgabel eines verdorrten Baumes niedergelassen. Sein Pfeil ist über zwei Meter lang *Foto: Xavier Misonne*

Mit Pfeil und Bogen gegen den Rest der Welt: Ein Krieger auf Nord-Sentinel. Noch hat kein Europäer je diese Insel betreten ...

Die Kokosnuß-Pflanzer

Wieder einmal war es soweit. Der Chief Commissioner erschien und kündigte die Abfahrt zu den Onge auf Klein-Andaman für den Abend des nächsten Tages an. Ein Vorauskommando hatte uns dort Hütten gebaut und für jenen Komfort gesorgt, der gerade noch notwendig war. Es gibt auf dieser südlichsten Insel der Andamanen nur die Hütten der Ureinwohner. Wollten wir dort länger bleiben, mußten wir eigene Schlafstellen haben. Und bleiben wollten wir möglichst lange.

Tagelang habe ich mich auf den ersten Besuch bei dieser dritten Gruppe von Andamanern vorbereitet. Ich hatte alle verfügbare Literatur über Klein-Andaman gelesen und die Spuren ihrer Kultur im anthropologischen Museum verfolgt. In einem kleinen privaten Wörterbuch hatte ich die wichtigsten Begriffe gesammelt und mir eingeprägt: *Buchu*, das Tongefäß. *Toinage*, die Axt. *Kame*, die Matte. *Nukuinyege*, die Tasse. *Kurange*, der Pfeil. Ich lernte, daß die Onge keine festen Ortsbegriffe kennen, sondern sie mit einem Ereignis oder Bild umschreiben. Ein bestimmter Küstenabschnitt heißt dann eben: »Dort, wo das Schiff sank«. Den Ort, an dem sie einen Kampf verloren hatten, nannten sie: »Niederlage-Camp«. Suchten sie Honig, so gingen sie zur »Quelle« und die winzige, Klein-Andaman vorgelagerte Insel, die einen Vulkan trug, war für sie: »Das rauchende Eiland«.

Bisher konnte man zu den auf vier Gebiete verteilten Onge nur zu Fuß gelangen. Zuerst mit dem Schiff von Port Blair zur Hut Bay auf Klein-Andaman und dann durch die mit Blutegeln verseuchten Dschungel und Sümpfe. Diese Strapaze ersparte uns der Chief Commissioner und organisierte eine Art Schiffs-Stafette: das große Boot, um nach Klein-Andaman zu gelangen; sein Rettungsboot für die Fahrt zum nördlich gelegenen Dugong Creek und ein Ruderboot, das vom Land kam und uns durch die Korallenriffe zum Strand brachte.

Zuerst erblickten wir unsere eigenen Hütten. Dreißig Arbeiter hatten vier Pfähle in den Boden geschlagen und die Wände und Dächer mit gespaltenen Palmenblättern geschlossen. Es war das Bauprinzip, das wir vor einigen Tagen bei der Gemeinschaftshütte der Jarawa kennengelernt hatten. Türen gab es nicht, den Boden bedeckte der feine weiße Sand vom Strand. Jede Hütte war etwa zehn Meter lang und enthielt zwei Betten und einen geflochtenen Stuhl. Die Schlafstellen besaßen zum Schutz gegen Ungeziefer einen Meter hohe Beine und waren mit Moskitonetzen gegen die fliegenden Plagegeister abgeschirmt. Später, in der Nacht, wachte ich auf und war über und über mit Sand bedeckt. Die Arbeiter hatten die Matten am Strand zusammengeheftet und nun war der Sand durch den Regen von den Blättern auf mich in meinem Bett gespült worden.

Vor den überdachten Eingängen der Hütten standen mannshohe, ganz zarte Kasuarina-Bäumchen, die die Arbeiter achtlos umgeknickt hatten. Ich versuchte, möglichst viele zu retten, da sie einen wunderschönen Anblick boten, wenn man aus seiner Behausung trat. Dann folgte der zwanzig Meter breite Strand, der sich bei Ebbe um ein Vielfaches vergrößerte. Zu jeder Hütte gehörten ein Plumps-Klo und eine Wassertonne als Bad. Hinter dieser künstlichen Expeditions-Siedlung wuchsen die vor zwanzig Jahren von den Indern für die Onge angepflanzten Kokospalmen, in der Onge-Sprache »Marele« genannt. Die Palmen trugen prachtvolle Früchte, die in den nächsten Tagen unsere Getränke lieferten.

Klein-Andaman kam 1886 unter britische Verwaltung und um

1900 zählte man noch etwa siebenhundert Onge. Heute sind noch hundertzwölf übrig, die am Dugong Creek, am Jackson Creek sowie in der South- und West Bay leben. Sie befinden sich auf einer Entwicklungsstufe zwischen den Groß-Andamanern, deren Tage gezählt sind, und den Jarawa, die eben erst friedlichen Kontakt mit der Welt aufgenommen haben. Die Onge tendieren aber zu den Groß-Andamanern, und ihr Dasein trägt – wie wir bald sehen sollten – bedauernswerte Züge, zumal Klein-Andaman mit seinen 459,2 Quadratkilometern (das entspricht etwa der Größe von Andorra) nicht mehr den Onge allein gehört, sondern vor kurzem zur Besiedlung freigegeben wurde.

Nach einer kleinen Mahlzeit ging ich hinüber in die Kokosplantage und da sah ich sie stehen: die ersten sechzehn Onge. Es waren Männer, die mit dem Buschmesser das hohe Gras und die Äste beseitigten. Beaufsichtigt wurden sie von Patrick Lobo, einem Inder, der für alle Onge verantwortlich ist. Hier am Dugong Creek lebt die mit fünfundfünfzig Köpfen stärkste Gruppe. Das Lager der Onge lag zweihundert Meter nördlich von uns und bestand aus mehreren Hütten; leider besaß es kein Gemeinschaftshaus. Die Hütten waren länglich, die Dächer wurden von Baumstämmen gestützt. Die Onge bauten sie aus Palmenblättern, die trocken und hellbraun wurden. Sie reichten fast bis auf den Boden, ließen an den Schmalseiten aber Öffnungen frei, und so konnten wir entlang des Giebels durch die Hütten hindurchblicken. Diese Hütten stellten ein Mittelding zwischen dem Gemeinschaftshaus dar, in dem die Onge früher lebten, und einer neuen indischen Erfindung, einer Dschungelhütte mit Fenstern und einer Veranda in Blockhütten-Architektur.

Hier am Dugong Creek drückte sich der Kontakt zur Welt, in der wir leben, vor allem in den beliebten schwarzen Regenschirmen aus, die diese Dschungelbewohner bei Sonne zum Trocknen auf den Dächern ihrer Hütten aufspannten und die ihnen die Festland-Inder gebracht hatten.

Die neuen Hütten der Onge sollten lange halten und waren nicht – wie noch vor zwanzig bis dreißig Jahren – nur für eine kurze Rast gedacht. Als sie noch Halbnomaden waren, genügte den Onge ein Windfang, der die kühle Meeresbrise abhielt. Oder sie errichteten ein flüchtiges Gemeinschaftshaus mit Andeutungen von Zimmern für die einzelnen Familien. Damals bewirtschafteten diese Ureinwohner noch nicht die Kokosplantagen, sondern betrieben eine wildbeuterische Wirtschaftsform. Die Männer waren Jäger, die Frauen sammelten Knollen, Früchte, Schnecken, Raupen und Insekten, die ihren Speisezettel ergänzten. Alkohol war unbekannt, ihren Durst löschten sie mit Wasser, das sie in Baumbusrohren oder Holzkübeln aufbewahrten. Diese dichteten sie mit Bienenwachs ab und transportierten sie, an Baumrinden-Streifen hängend, auf dem Rücken.

Die Unkenntnis jeglichen anderen Getränkes als Wasser ist der Beweis dafür, daß sie sich noch in einem urgeschichtlichen Zustand befanden und erst vor kurzem den Sprung in unsere Zeit getan haben.

Die Onge bildeten keine großen Stämme, sondern kleinere Gemeinschaften oder Clans, zu denen sich einige Ehepaare zusammenschlossen, allerdings ohne Oberhaupt, das Autorität ausübt wie ein Anführer oder ein Schamane. Alle hatten die gleichen Rechte und Pflichten, die sie freiwillig und gern wahrnahmen. Jeder war auf den anderen angewiesen und wußte das. Dennoch ergab es sich ganz zwanglos, daß einer unter ihnen in eine moralische Autorität hineinwuchs und die Rolle eines weisen Mannes spielte, den man um Rat fragte, der aber niemandem seine Meinung aufzwang. Es war dies eine sehr natürliche und zweckbedingte Gemeinschaft, denn die Onge konnten als Einzelne in der Wildnis nicht überleben. Sie waren darauf angewiesen, daß die Gemeinschaften friedlich blieben.

Vergleicht man die Onge auf Klein-Andaman mit den Jarawa auf Süd- und Mittel-Andaman, so hatten es die Onge auf ihrer isolierten Insel einfacher. Sie wurden nicht von dauernden Invasionen belästigt. Erst 1952 konnte das Innere von Klein-Andaman erforscht werden. Lediglich die Küsten waren bekannt gewesen, aber auch nur vom Schiff aus.

Für den Forscher ist diese Situation natürlich ein glücklicher Umstand. Die Groß-Andamaner sind zu degeneriert, um noch als Studienobjekte dienen zu können. Die Jarawa sollen so belassen werden, wie sie heute noch leben. Also bleiben nur die Onge, um zu ergründen, wie die Groß-Andamaner einst lebten. Die Onge sind das Bindeglied zwischen Urzustand und Degeneration.

Onge – die reinsten Negritos der Welt

Langsam ging ich durch die Plantage auf die Hütten der Onge zu. Einige Frauen hockten auf dem Boden, andere trugen Babies spazieren. Sie benutzten dafür eine Schlinge, die quer über ihrem Kopf lag. Das Kind saß etwa in Höhe der Hüfte, hatte den Kopf gegen den Rücken der Mutter gelehnt und döste vor sich hin. Größere Kinder spielten miteinander; eine Greisin, gebeugt und auf einen Stock gestützt, schaute ihnen zu.

Alles, was ich bisher bei Lidio Cipriani und Martin Gusinde über die Onge gelesen hatte, wurde mir hier durch den Augenschein bestätigt. Sie sind echte Negritos und gehören zu den Pygmäen-Völkern. Allerdings zeigt ihre Statur, die Schädelform und vor allem der so gar nicht negerartige Mund wenig Ähnlichkeit mit den afrikanischen Pygmäen.

Das streng isolierte Inselleben scheint zur Reinhaltung dieses Rassentyps beigetragen zu haben. Die Onge sind viel kräftiger und untersetzter als die grazilen und schlanken Groß-Andamaner und Jarawa (bei denen sich von Zeit zu Zeit Strafgefangene auf der Flucht einquartiert hatten; man denke nur an den »Lügenbaron« Dudnath). Ich möchte sogar so weit gehen zu behaupten, daß die Onge die reinste Form der Negritos auf der Welt darstellen.

Die Männer in der Kokosnußplantage und die Frauen vor den Hütten fielen durch ein rundes, völlig faltenloses Gesicht, ihre geblähten Nasenflügel und riesige dunkle Augen auf. Wegen dieser makellosen Haut ist es sehr schwierig, das Alter der Onge festzustellen.

Ihre geringe Körperhöhe und die fettreiche Ernährung machten vor allem die Frauen sehr üppig. Geradezu grotesk ist ihre Rückgratverkrümmung nach vorn. Nie hatte ich etwas Ähnliches gesehen: Die kurzen Beine schwellen oberhalb der Knie zu riesigen Gesäßen an. Das Gesäß selbst wird zum Vorbau, der aus dem Rücken ragt wie die Schublade aus einer Kommode. Wissenschaftlich heißt diese Mißbildung Steatopygie, umgangssprachlich benützt man den Ausdruck »Massai-Steiß« nach einer ähnlichen anatomischen Sonderheit bei den Massai Ostafrikas. Sein Kennzeichen ist die starke Abknickung des Rückgrates, die allerdings nur bei den Frauen auftritt; die Männer werden davon verschont. Bei schlank gewachsenen Frauen fiel dagegen das harmonische Gleichmaß ihrer Glieder auf.

Während ich vor den Hütten stand und diese Beobachtungen in mein Tagebuch eintrug, erschien eine jüngere Frau, deren Baby auf dem Rücken zuerst stand, immer mehr hinabrutschte in Richtung Gesäß und später darauf kniete. Die Hände des Kindes ruhten auf den Schultern der Mutter, und beiden war der Zustand sichtlich angenehm.

Das erwähnte Stirnband, mit dem das Kind getragen wird, führte unter dem Gesäß des Kindes hindurch. Beide Stränge liegen auf den Schulterblättern der Mutter, und innerhalb der unteren Schlaufe bewegt sich das Kind frei. Es muß so an diesen Gurt gewöhnt sein, daß es sich nicht daran stört, wie tief das fünf Zentimeter breite Rindenband in sein Fleisch einschneidet. Das Baby hängt da am Rücken und spürt die Wärme der Mutter.

Später habe ich dann auch Väter beim Tragen ihrer Kinder erlebt. Sie ziehen allerdings eine andere Stellung vor; die Schlinge verläuft bei ihnen von der rechten Schulter zur linken Hüfte, und auf dieser sitzen die Babies, eingehängt in das Band und geschützt vom linken Arm des Mannes.

Wie die Jarawa und Groß-Andamaner besitzen die Onge keinerlei Körperbehaarung. Immer wieder streichelten sie uns Fremden über die Brust und die Arme und wunderten sich über den Haarwuchs. Dabei ist es – im Gegensatz zu den völlig nackten Jarawa – heute nicht mehr ganz einfach, die fehlende Behaarung der Onge festzustellen, denn die Inder haben die Männer überredet, ihren Penis mit einer Stoffhülle zu verkleiden – eine Form der Zivilisation, die die indischen Völkerkundler bereits bedauern. Die Frau des Chief Commissioners in Port Blair erzählte mir, daß sie vor der Bekleidungs-Aktion nicht geahnt hätten, wie sehr die Hygiene der Onge durch diese Stoffetzen leiden würde. Nun, da sie sie einmal trügen, nähmen sie diese nie mehr ab, und die Fetzen befänden sich in einem unbeschreiblichen Zustand.

Die Frauen haben diese Probleme nicht. Sie trugen von jeher umfangreiche Quasten als Lendenschurze, die sie aus Rotan-Fasern herstellen. Sie baumeln an Gürteln aus gedrehtem Pandanus-Bast zwischen ihren Beinen.

Da gerade eine Frau mit der Herstellung einer Quaste beschäftigt war, setzte ich mich zu ihr und sah, daß sie zuerst die äußere Schicht des Rotan abschabte und dann das Innere zu Fäden aufteilte, die sie wie einen Reisigbesen zusammenband, in der Mitte durchschnitt und beide Schnittenden nach außen drehte.

Schmuck findet man bei Männern wie Frauen äußerst selten, nur ab und zu trägt einer eine Kette aus Tierknochen. Wahrscheinlich stört die Onge eine Kette oder ein Armband beim Umherstreifen im Dschungel oder beim Durchqueren der zahlreichen Sümpfe auf Klein-Andaman. Aber sie besaßen, bevor ihre Insel erschlossen wurde, gewisse Andenken an die Verstorbenen. Martin Gusinde nannte diese »einmalig bei Naturvölkern«. Er beschrieb sorgfältig mit Bastfäden umwickelte Unterkiefer und Wirbel oder Handknochen, die die Onge auf Schnüre aufgereiht hatten, um sie am Hals zu tragen. Eine Witwe, schrieb Gusinde, hatte sich den kompletten Schädel ihres verstorbenen Mannes präpariert, und dieser baumelte an einer Schnur von ihrem Rükken herab. Körperverstümmelungen an lebenden Menschen, wie ich sie bei den Papua gesehen hatte, gibt es auf Klein-Andaman jedoch nicht.

Ritual oder Reiz, Schmuck oder Schamanentum – die Onge kennen einen hübschen Weg, ihre Körper zu schmücken, Geister abzuschrecken oder Fremde wie uns zu bezaubern: die Körperbemalung mit Lehm und Asche.

Kunstwerke aus Lehm und Asche

Im Gegensatz zu den meisten Völkern, die im Nacktzustand leben, kennen die Onge und die Jarawa keine Tätowierungen. Sie schmücken sich durch Bemalen.

Dabei haben sie so viele Methoden, Stile und Farbvarianten entwickelt, daß es schwer für mich war, eine einheitliche Linie zu erkennen. Schließlich entdeckte ich zwei Methoden: Die Onge malen entweder Ornamente in Rot, Braun, Ocker oder Weiß auf ihre schwarze Haut, oder sie schmieren sich die Farbe dick ins Gesicht und kratzen dann Muster hinein. In diesem Falle tritt die schwarze Haut als Ornament aus der farbigen Umgebung.

Es gab unbegabte Amateurmaler und professionelle Künstler unter ihnen. Da war zum Beispiel ein junger Mann, der sich eine dicke Ockerschicht aufs Gesicht gelegt hatte. Dann spreizte er Zeige-, Mittel- und Ringfinger leicht auseinander und fuhr sich quer, längst und diagonal über das Gesicht. Dabei kam ein Ornament zustande, das dem der britischen Fahne glich. Ein anderer war auf die Idee gekommen, sich mit roter Farbe ganz unregelmäßige buchstabenähnliche Haken, Bögen und Triangel auf Stirn und Backen zu malen, wie sie auf Gemälden von Paul Klee auftauchen. Es gab Frauen, die sich mit zwei Fingern einen Kreis rund ums Gesicht zogen. Ein kräftiger Mann mittleren Alters ließ sich von einem anderen eine Reihe eckiger U auf die Stirn malen. Mehrere Kinder bemalten ihre Gesichter mit hellgelbem Farbstoff, wobei sie die Stirn freiließen.

Aber nicht nur die Köpfe bekamen einen Anstrich. Oft rieben

sich die Onge die Brust und den Bauch mit Farbe ein, und ich sah auch Spuren von Bemalung an Armen und Beinen.

Die Onge verwenden für diese kleinen Kunstwerke, die leider sehr vergänglich sind, drei verschiedene Substanzen. Am wichtigsten ist einfacher Lehm, der in den Farben Grau, Gelb und Rosa vorkommt und den sie »Odu« nennen. Weitaus seltener und deshalb auch weniger häufig verwendet wird ein feiner weißer Ton, der als kostbar gilt und »Tol-Odu« heißt. Schließlich verfügen sie noch über ein rotes Eisen-Pigment, das mit tierischen und pflanzlichen Fetten vermischt wird.

Diese Bemalung erfüllt mehrere Aufgaben: Sie dient als Schmuck, ist Bestandteil eines festlichen Rituals bei verschiedenen Zeremonien und schützt außerdem gegen Kälte, Krankheiten und Insekten. Gemalt wird stets am Nachmittag, wenn die Männer von der Jagd oder der Arbeit nach Hause kommen.

Es war immer wieder interessant, die Onge zu beobachten. Sie kneteten den Lehm zwischen den Fingern, bis eine weiche, gleichmäßig gefärbte Masse entstanden war. Dann streiften sie diese am Knie ab wie an einer Palette und nahmen sich von dort die Fingerspitzen voll, die sie zum Bemalen brauchten.

Ich erinnerte mich nicht, ähnliche Malereien bei den Jarawa gesehen zu haben. Bei den fünfunddreißig Bewohnern von Mittel-Andaman, die ich zu Gesicht bekommen hatte, bemerkte ich lediglich, daß Ornamente manchmal verwischt waren. Möglich, daß die Bemalung des Vortages beim Schwimmen abgewaschen worden war oder daß sie wegen unserer Ankunft keine Zeit gefunden hatten, sich zu schmücken. Möglich auch, daß jene zweihundertfünfundsechzig Jarawa, die nicht zu diesem Dorf gehörten, mit solchen verwischten gelben, rosafarbenen oder roten Ornamenten geschmückt waren.

Arbeiten – wofür?

Einige Onge-Männer kamen von ihrer täglichen Arbeit zurück. Ihr Gang war schwingend und energisch, mit den Armen holten sie dabei weit aus. Einer trug eine enorme Kokosnuß-Last, warf sie auf den Boden, legte sich dazu und streckte seine Glieder; ich konnte die Gelenke knacken hören. Dann legte er sich so hin, wie ich das später noch oft in den Hütten sehen sollte: völlig entspannt, auf den Rücken, ein Bein angezogen; oder auf den Bauch, mit den Armen als Kopfunterlage oder -stütze.

Der Inder Patrick Lobo berichtete mir, daß die Onge nur arbeiten, wenn sie dazu aufgefordert werden. Sie verfügen über ein größeres Ruderboot, mit dem sie alle vierzehn Tage zur Hut Bay fahren, um Kokosnüsse abzuliefern, die Lobo für sie verkauft. Vom Ertrag kaufen die Onge Mehl, Erbsen, Tabak und vor allem Tee, auf den sie geradezu süchtig sind.

Ihr Handel floriert derart gut, daß sie inzwischen Stablampen, Emaillebecher, Plastikeimer, Teller und Töpfe besitzen. Und sie haben den Alkohol kennengelernt, für den sie noch keinen Namen hatten. Jetzt umschreiben sie ihn mit einem Wort aus ihrer Sprache, das so viel wie »Stolperer« oder »Taumler« bedeutet. Auch Tabak kannten sie nicht. Inzwischen haben sie sich das Rauchen so sehr angewöhnt, daß sie irgendwelche Blätter zum Brennen bringen und rauchen, wenn ihnen einmal der Tabak ausgegangen ist.

Trotz ihrer Plantage gehen die Onge noch auf die Jagd, zum Fischfang und zum Sammeln von Honig. Früher, als sie ausschließlich wildbeuterisch lebten, ernährten sie sich von dem, was die Natur bot: von Wildschweinen, Schildkröten, Muscheln und Fischen, Kleintieren und Insekten. Schlangen und Lurche, die nun wiederum bei den Jarawa als Delikatesse gelten, verschmähen sie.

Leckerbissen der Onge sind die Larven der Heuschrecken. Dagegen essen sie sehr wenig Vögel. Der Grund mag an der Höhe der Bäume und der Dichte des Dschungels liegen, der es fast unmöglich macht, einen Bogenschuß sicher anzusetzen und einen Vogel zur Strecke zu bringen, zumal sie kein Gift verwenden. Der mit einer Metallspitze versehene Pfeil ist ihnen zu wertvoll für die Vogeljagd.

Der unterschiedliche Speisezettel der Stämme auf dieser verhältnismäßig kleinen Inselgruppe führt zu einem gewissen Gleichgewicht des Biotops: Die Natur balanciert die Bedürfnisse der Stämme, die von ihr leben, aus. Wenn alle Schlangen essen würden, gäbe es bald keine mehr. Die Eidechsen, die bei einem Stamm als Leckerbissen gelten, sind bei einem anderen tabu.

Es braucht nicht ausdrücklich betont zu werden, daß sich die Ernährung der Onge nach der Jahreszeit richtet. In der Trockenzeit, wenn sie reichlich Knollen und Früchte ernten, gehen sie weniger auf die Jagd und ernähren sich mehr vegetarisch. Dabei betreiben sie nur sehr spärlich Vorratswirtschaft. Das feuchte Klima würde die Lebensmittel auch schnell schlecht werden lassen. Die Onge sammeln ihr Essen von einem Tag auf den anderen. Bewunderswert ist ihre Fähigkeit, Gift- und Bitterknollen so zuzubereiten, daß sie sie ohne Gefahr genießen können.

Dieses Können hatte ich bereits bei den Xingu-Indianern des Amazonasgebietes beobachtet, die die hochgiftige Maniok-Wurzel der weniger nahrhaften, aber ungefährlichen Wurzel vorzogen. Sie wuschen sie auf feinen Sieben, holten so die Blausäure heraus und aßen den ungiftigen Brei. Die Onge hier auf Klein-Andaman taten dasselbe.

Ginge es nur um die Nahrung, so brauchten die Onge zu keiner Jahreszeit ihr Lager zu wechseln, es sei denn, die Fischer entdeckten einen besseren Angelgrund. Wenn Lager gewechselt wurden, dann aus hygienischen Gründen oder nach zu vielen Todesfällen. Doch Lagerwechsel sind heute nur noch selten. Die Kokosplantagen machten die Onge seßhaft. Dadurch verkümmern viele ihrer natürlichen Fähigkeiten, denn gerade die Onge sind mit Leib und Seele Sammler, Jäger und Fischer und haben beachtliche Techniken auf diesen Gebieten entwickelt. Der kulturfeindliche Dschungel machte den Ackerbau unmöglich. Der triefend nasse Wald mit seinem schummrigen Licht bot sich zur Jagd an, nicht zum Roden. In Anpassung an diese Bedingungen veränderten sich ihre Zehen: sie sind zum Klettern besonders gut geeignet.

Klettern wie die Affen

Die Füße der Onge sind schwarz, über und über mit Hornhaut überwachsen, und wo bei uns lange, mehr oder weniger feingliedrige Zehen angebracht sind, besitzen sie nur kurze Stummelchen. Diese jedoch stehen so weit auseinander, daß sie bequem auch größere Äste umspannen und in den Baumkronen laufen können wie die Affen. Bei den Onge hat die Natur den Menschen verändert, hat ihn sich angepaßt.

Schaut man sich diese Zehen an, fällt es schwer, an Menschen zu denken. Affen-Zehen aber sind es auch nicht. Was dann? Ein Mittelding. Die Zehen eines Lebewesens, das aufrecht geht, aber häufig auf Bäumen lebt. Eine phantastische Errungenschaft. Es ist erstaunlich, wenn man diese Menschen auf den Ästen entlanglaufen sieht: wippend, sicher, elegant von Baum zu Baum springend, und immer packen die Zehen um die Äste, verankern den Mann am Baum und lassen ihm die Hände frei. So träge die Onge heute sind, bei der Jagd wachen sie auf.

Ich nützte einen Tag, um ihnen zu folgen.

Bewaffnet mit Pfeil und Bogen, mit Speeren und einer aus Indien importierten Harpune zogen sie los. Ihre wichtigste Beute sind Wildschweine, die sie buchstäblich zu Tode hetzen. Daneben jagen sie Marder, Waldhühner und oft auch einen Leguan. Haben sie die Spur aufgenommen, so folgen sie dem Tier, schwärmen mit großem Lärm aus und treiben es entweder in einen Sumpf oder in ein Lianendickicht, in dem es sich hoffnungslos verheddert.

Interessanterweise kennen die Onge keine Verteidigungswaffen, wie zum Beispiel Schilde. Sie verwenden jedoch Hunde, die sie erst Mitte des vorigen Jahrhunderts durch die Strafgefangenen kennengelernt, aber inzwischen zu hochentwickelten Jagdtieren abgerichtet haben.

Hunde sind beliebt und gehören unbedingt zur Familie. Oft übersteigt die Zahl der Hunde die der Familienangehörigen. Es sind kräftige, muskulöse Tiere, in deren Fell man oft die Narben alter Wunden erkennt, die ihnen die Hauer der Wildeber gerissen haben.

Bemerkenswert sind die Bögen der Onge. Sie sind aus einem Stück gefertigt, unpoliert und fassen sich ziemlich rauh an. Ihre Länge beträgt etwa anderthalb Meter, zu den Enden hin verjüngen sie sich in rund zwölf Zentimeter lange Spitzen, an denen die Sehnen angebracht werden. Diese sind ungewöhnlich dick und bestehen aus dem eingedrehten Bast eines Feigenbaumes.

Es ist ziemlich schwierig, einen so großen Bogen mit einer derart starken Sehne zu spannen – vor allem für die Onge, die selten größer sind als diese Waffe. So nehmen sie ihre Beine zu Hilfe, oder ein Mann unterstützt den anderen.

Die Pfeile bestehen aus drei Teilen: einem Hauptschaft, einem (oft auch fehlenden) Vorschaft und der Spitze. Fast alle Pfeilspitzen, die ich bei den Onge sah, waren aus Eisen. Früher schnitzten sie sie aus zugeschliffenen Muscheln, Fischknochen oder Hartholz. Eine sinnreiche Konstruktion macht die Pfeile oft zu Harpunen und erklärt das Vorhandensein eines Vorschaftes.

Die Pfeilspitze wird mit einer Schnur, die mit Bienenwachs eingefettet ist, an den Vorschaft gebunden. Die Spitze selbst trägt Widerhaken, die verhindern, daß sich der Pfeil aus dem Fleisch des getroffenen Tieres löst. Wird zum Beispiel ein Wildschwein getroffen, so fällt der Vorschaft mit der Spitze vom Hauptschaft, die Schnur wickelt sich ab und das Tier schleppt den Pfeil hinter sich her. Es verhaspelt sich, der Schaft bleibt im Unterholz hängen, das Tier kommt nicht sehr weit. Die Pfeile tragen keine Federn als Richtungsstabilisator, da sie zu schwer sind, um darauf zu reagieren.

Es war übrigens gar nicht so einfach, die Onge-Waffen aus der Nähe und in Ruhe zu besichtigen, da sie normalerweise in der Hütte oder im Dschungel versteckt sind und nur für einen Jagdzug hervorgeholt werden. Als ich nach längeren Bemühungen schließlich einen Bogen in der Hand hielt und sogar für meine Sammlung erwerben konnte, stellte ich keinerlei Ornament fest.

Trotz ihrer Begeisterung und ihres Könnens gehen die Onge immer seltener auf die Jagd. Sie haben sie nicht mehr nötig und sitzen deshalb lieber zu Hause vor ihren Hütten und ahmen die Fremden nach, denen sie beim Handel mit den Kokosnüssen begegnen. Die ersten sichtbaren Anzeichen dieser Degeneration sah ich an einem Halbwüchsigen, der bereits Khakihosen trug und Hindi sprach. Typisch, daß er einer der schlauesten Onge war, denen ich begegnet bin.

Eines Morgens ging ich hinüber zu den Hütten und hoffte, einige Männer zum Honigsammeln überreden zu können. Obwohl es schon später Vormittag war, lag einer von ihnen auf seiner Pritsche, ließ sein Hinterteil über den Rand hängen und wärmte es an einem offenen Feuer, das auf dem Boden brannte. Die Zeit der Honigsuche hatte eigentlich noch nicht begonnen, aber der Onge war doch bereit, mir diese uralte Kunst zu zeigen, die eine der wenigen Fähigkeiten ist, die sie noch in Vollendung beibehalten haben.

Um nicht von den Bienen gestochen zu werden, reiben sich die Onge vorher mit dem Saft aus dem Stamm der Alpinia ein und kauen Stückchen davon. Greifen die verärgerten Bienen an, so sprühen ihnen die Honigsammler den Alpiniasaft aus dem Mund entgegen, und das wirkt.

Die großen Nester hingen hoch oben in den Bäumen und waren nur sehr schwer zu entdecken. Wie Affen kletterten die Onge in die Gipfel und stießen Freudenschreie aus, wenn sie ein Nest gefunden hatten und es herunterschlugen. Wer das Nest zuerst sah, betrachtete es als sein Eigentum. Am Abend wurde die goldgelbe Beute laut schmatzend verzehrt.

Es störte die Onge nicht, daß in dem Honig noch Teile der Waben und ganze Bienen schwammen. Sie hatten ein kleines Holzstöckchen an einem Ende derart zerkaut, daß sie es wie ein Bürstchen gebrauchen konnten, und damit stippten sie sich den Honig in den Mund.

Honig hat für die Onge eine geradezu kultische Bedeutung; in den Berichten der Völkerkundler finden sich Hinweise auf Honigzeremonien und -orgien. Das Bienenprodukt spielt für diese Eingeborenen jedoch auch deshalb eine wichtige Rolle, weil es den Mangel an zuckerreichen Früchten ausgleicht. Der Honig liefert jene Vitamine und Aufbaustoffe, die den Onge sonst fehlen würden. Bienenwachs nehmen sie zum Einreiben gegen Krankheiten und Dschungelgeister. Darin zeigt sich ein religiöser Positivismus, den ich auch in ihren Mythen und Sagen bestätigt fand.

Wenn der Gott der Onge grollt

Wie alle Andamaner, glauben die Onge an übernatürliche Wesen. Es gibt die Geister des Dschungels, des Meeres und der Toten. Daneben existieren Wesen, die mit Naturerscheinungen und Gestirnen in Verbindung gebracht werden. Oberster Herr der Geister ist »Biliku« oder »Puluga« – zwei Namen für denselben Ober-Gott.

»Puluga« ist weise, gütig, hilfsbereit und schickt alles, was zum Leben benötigt wird. Aber er wacht auch über die sittliche Ordnung, und hören die Onge den Donner grollen und sehen sie die Blitze zucken, so raunen sie sich zu, daß »Puluga« verärgert ist. Reißt der Sturm Äste von den Bäumen, kein Zweifel: »Puluga« hat den Wind geschickt, weil er zornig ist. Aber damit – mit Gewittern und Sturm – ist das Arsenal der göttlichen Strafen bereits erschöpft.

Aber warum stürmt es, kracht der Donner, zucken die Blitze? Weil »Puluga« die Donnersteine über den Boden des Firmaments rollt. Es kann aber auch die Stimme des großen Gottes sein. Da gehen die Meinungen auf den Andamanen auseinander.

Es ist die Zeit der Monsunstürme, wenn die Geister sich besonders bemerkbar machen. Alle fünfunddreißig Jahre, so erzählte man uns in Port Blair, fegt ein Zyklon über die Inseln. »Puluga«! Der Zorn der Götter ist die natürlichste Erklärung, wenn Baumriesen wie Streichhölzer geknickt werden oder durch die Luft wirbeln. Und wenn die Bäche voll sind mit verendeten Fischen. Wir wissen heute, daß das Fischsterben mit großer

Sicherheit durch ein Pflanzengift hervorgerufen wird, das in einigen Blättern und Lianen enthalten ist, die im Sturm ins Wasser geschleudert werden.

Die Andamaner glauben an »Puluga«. Sie lieben ihn, sie fürchten ihn und sie unterwerfen sich ihm.

Dabei steht ihre Moral, Produkt auch ihrer Religion, keinesfalls auf einer niederen Stufe. Längst hat uns die Erfahrung gezeigt, daß die Moral ganzer Völker eine höchst vorsichtig zu behandelnde Angelegenheit ist. Andere Sitten und Gebräuche müssen nicht zwangsläufig schlechter als unsere sein. In jedem Fall sollten wir uns davor hüten, sie mit unseren Maßstäben zu messen. Der Forscher hat nicht zu entscheiden, ob eine Sitte unmoralisch oder gut ist. Er kann gar nicht vorsichtig genug sein, wenn er Erklärungen für die Handlungen der Eingeborenen sucht. Er muß wissen, daß alle Interpretationsversuche keinesfalls von der Zivilisation ausgehen dürfen, aus der er selbst kommt. Stämme, die auf der gleichen Entwicklungsstufe stehen, können sich in wesentlichen Merkmalen unterscheiden, und scheinbar gleiche Zeremonien können völlig verschiedene, oft gegenteilige Bedeutungen haben.

Drücken viele Stämme mit ihren Tänzen übernatürliche Wesen aus, so hat man bei den Andamanern nichts dergleichen entdeckt. Sie tanzen aus Freude an der Bewegung. Jeder Mann stimmt seinen eigenen Gesang an, den nur er allein zum Tanzen vorträgt. Diese Lieder erzählen vom täglichen Leben, doch ist der Inhalt für die Andamaner nebensächlich. Ihnen kommt es in erster Linie auf die Melodie an.

Ähnlich unkompliziert ist ihre Einstellung zum Sterben. Das Leben – das ist für sie Atem, Pulsschlag, Blut und ihr Lieblingsessen: das Fett der Niere. Sie verbrennen den Körper eines Erschlagenen, damit das Blut und das Fett der Niere in Rauch aufgehen und sich nicht am Mörder rächen können. Selten, und wenn, dann sehr ungern, wecken sie sich gegenseitig. Der Anthropologe

A. R. Brown erklärte das mit der Ansicht der Andamaner, die Seele befinde sich während des Schlafes nicht im Körper. Wird ein Mensch plötzlich und unvorbereitet geweckt, so wird er ohne Seele wach und muß krank werden.

Stirbt ein Mensch, so verläßt seine Seele den Körper, verliert ihr Geschlecht und ist nur noch Geist. Die Seele ist rot, der Geist schwarz. Das Leben nach dem Tode ist wie das Leben auf Erden, nur fehlen die Krankheiten, man heiratet nicht wieder und stirbt nicht. Aber sonst ist alles vorhanden: Fische, Tiere, der Dschungel, das Meer.

Krankheiten und Tod entsenden die Geister des Dschungels und des Meeres. Jeder Andamaner weiß, daß er sterben muß.

Die Bestattungen sind Sache der Männer. Dem Verstorbenen wird der Kopf kahl geschoren. Auf seinen Körper malen sie Ornamente aus weißem Lehm. Ein roter Streifen verbindet ein Ohr mit dem anderen und verläuft über die Oberlippe. Dann wird der Tote in Hockstellung verschnürt, die Angehörigen blasen ihm sanft ins Gesicht, und die Männer legen ihn in vorher ausgehobene Gruben oder auf eine Plattform hoch in den Bäumen. Stets blickt der Verstorbene nach Osten. Die Andamanen erklärten, dies müsse so sein, weil sonst die Sonne nicht mehr aufginge und die Erde finster bliebe.

Die Trauerzeit dauert so lange bis das Fleisch des Toten von den Knochen fällt. Diese werden anschließend gewaschen, mit roter Farbe und weißem Lehm bemalt, und oft heben die Angehörigen die Hirnschale und den Unterkiefer auf, um sie auf dem Rücken zu tragen. Diese Reliquien schützen angeblich vor Krankheit und Gefahr. Der Tote wandelt auf der Regenbogenbrücke ins Reich der Toten. Die Regenbogen sind folglich für die Andamaner ein schlechtes Omen.

Es ist eine friedfertige, versöhnliche Naturreligion ohne Drohungen und Verdammnis. Die angenehme Zukunft eines Ermordeten wirkt sich auch für seinen Mörder aus. Denn »Puluga« ist gütig. Der Täter muß in den Dschungel fliehen und ist der Rache der Angehörigen und Freunde des Opfers ausgeliefert. Er darf keine Waffe mitnehmen und sich nicht selbst ernähren. Bringen ihm seine Frau und die Kinder etwas zu essen, so erhebt keiner Einspruch. Nach einer gewissen Zeit darf der Mörder zurückkehren und wird wieder in die Gemeinschaft aufgenommen.

Ich erwähnte vorhin, daß die Onge ihren Lagerplatz verlassen, wenn mehrere Todesfälle vorgekommen waren. Dies geschieht deshalb, weil zu viele Verstorbene in der Nähe des Lagers begraben werden müßten; sie würden die Lebenden bei der Jagd und beim täglichen Leben stören.

Unklar ist, ob die Onge Tabus kennen. Cipriani, der längere Zeit bei ihnen lebte, glaubte es nicht. Pater Schebesta dagegen berichtete, daß Inzest und die Unzucht mit bestimmten Tieren tabuisiert seien. Ich selbst konnte auf dieser Expedition keine Anzeichen für Tabus entdecken, und bin geneigt, Cipriani zu glauben.

Mit den Kindern zum Fischen

Am Nachmittag ging ich mit den Kindern zum Fischen. Sie holten sich zuerst ein paar Muscheln, zerschlugen sie und befestigten das Fleisch an einer Schnur. Diese warfen sie ins Wasser und zogen einen Fisch nach dem anderen heraus. Dabei verzichteten sie auf Ruten und fischten aus der Hand. Die Beute töteten die Buben mit einem einzigen Schlag auf den Kopf und legten sie in mitgebrachte Körbchen.

Ein belgischer Professor hatte mich gebeten, einige Käfer für ihn zu sammeln. Ich hielt es für eine gute Idee, die Kinder um Hilfe zu bitten. Aber sie lehnten ab; sie wollten sich der zusätzlichen Mühe nicht unterziehen. Selbst die Heranwachsenden tun nur das, was ihnen zum Leben notwendig erscheint. Auch die Buben dachten nicht daran, mehr zu tun, denn Patrick Lobo, der Betreuer der Onge, hatte Mehl und Tee von der Hut Bay mitgebracht und verteilt. In den Hütten stapelten sich Tschapatties, jene indischen Fladen aus Mehl und Wasser, die die Onge erst in den letzten Jahren kennengelernt hatten. Sie essen sie ohne jede Zutat, verzichten sogar auf Salz, und verzehren – gemächlich kauend – ein Stück nach dem anderen, bis die Tschapatties zu Ende sind oder sie nicht mehr können.

Am Abend wurde es durch den ziemlich heftigen Nordostwind sehr frisch, das Meer rauschte herüber, und wir waren froh, daß der Chief Commissioner uns ein Lager hatte errichten lassen. Innerhalb von Minuten wurde es Nacht, und der Dschungel begann aufzuleben. Es waren Geräusche, die ich nie vergessen kann, und nach denen man sich noch lange zurücksehnt. Es ist ein Irrtum anzunehmen, die Nächte im Dschungel seien still. Im Gegenteil. Nur die Eingeborenen werden schweigsam, weil sie glauben, irgendwelche Geister trieben ihr Unwesen im Wald.

Daß die Buben ohne aufwendige Ausrüstung und wie im Spiel so erfolgreich fischen konnten, liegt an den geographischen Verhältnissen. Klein-Andaman, das immer noch zur Hälfte für die Ureinwohner reserviert ist, besitzt eine flache Küste und zahlreiche, zum Teil tief ins Land reichende Buchten. Oft erscheinen kleine Haie am Strand, und mit ihren Pfeilharpunen erlegen die Onge nicht nur sie mühelos, sondern auch Schildkröten und größere Fische wie die äußerst seltenen Seekühe oder Sirenen. Diese im Wasser lebenden Säugetiere sehen den Walen ähnlich und werden bis zu fünf Meter lang. Auf Klein-Andaman kommt die Gattung Dugong vor – ihr populärer Name ist »Seejungfrau« – und nach ihr ist das kleine Flüßchen, an dem unsere Expedition Lager bezogen hatte, der Dugong Creek, benannt.

Die Seekühe liefern einen Teil des zum Leben benötigten Fleisches. Sie spielen eine derart große Rolle, daß ich später immer wieder präparierte Schädel, mit Ocker bemalt und mit Fasern kunstvoll umwunden, in den Hütten entdeckte. Zwei der schönsten Exemplare konnte ich durch Tausch erwerben und dem Museum übergeben.

Die Dugongs leben in seichten, warmen Gewässern: im Roten Meer, im Indischen Ozean und im westlichen Pazifik. Sie sind äußerst träge und verändern ihre Lage unter Wasser nur, wenn sie durch Stürme gestört werden, oder bei Gefahr. Seekühe sind fette, algenfressende Tiere mit flossenartigen Vorder- und rückengebildeten Hintergliedmaßen, zwei Brüsten mit Zitzen, einem hornigen Gaumen und einem mehr oder weniger abgebauten Gebiß. Die Nasenlöcher liegen oben auf der Schnauze, die Augen sind klein und stark gewölbt. Der Körper ist unbehaart, nur ein paar Borsten wachsen aus der glatten, gelblich-grünen Haut.

Die Onge ziehen die jüngeren, nur drei bis vier Meter langen Tiere vor, weil sie zarter, fettärmer und schmackhafter sind. Welche Rolle die Seekühe im Leben der Klein-Andamaner spielen, wird auch an ihren Sagen klar. Ich habe eine ihrer Geschichten aufgeschrieben: »Ein junger Andamaner hatte noch nie ein Schwein gesehen. Plötzlich erblickte er eins. Und da er sehr hungrig war, fing er das Tier und brachte es in seine Hütte. Das Schwein besaß weder Augen noch Ohren oder einen Mund. Das wunderte den Andamaner. Aber er hatte Hunger, machte ein Feuer und legte seine Beute hinein. Er hatte das Schwein aber nicht ausgenommen und ihm auch die Gelenke der Füße nicht durchgetrennt. In der Hitze wurde das Schwein deshalb immer größer und größer, schließlich spannte sich die Haut über dem Kopf, und mit einem lauten Knall entstanden Löcher: zwei für die Augen, zwei für die Nase, zwei für die Ohren. Das Schwein begriff, daß es gebraten werden sollte, sprang aus dem Feuer und lief davon. Da warf der Andamaner ein Blatt nach dem Schwein, das ins Meer sprang und untertauchte. Dort wurde es ein Dugong, und aus dem Blatt entstanden seine Flossen.«

Der Fischfang der Onge beschränkt sich nicht nur auf das Angeln. Oft schießen sie ihre Harpunen auf Schildkröten ab, die tief unten auf dem Grund schwimmen, und holen das erlegte Tier schwimmend herauf. Sie müssen dabei über ausgezeichnete Kenntnisse der Lichtbrechung verfügen, denn es gehört zu den schwierigen Dingen im Leben der Naturvölker, Harpunen oder Pfeile über Wasser abzuschießen und unter Wasser zu treffen. Die Onge beherrschen diese Kunst wie die Xingu-Indianer des Amazonas-Gebietes, bei denen ich diese Art der Jagd zuerst beobachtet hatte.

Die mit Widerhaken versehenen Harpunen fertigen die Onge aus Bambus an, von dem sie die Wachstumsringe mit scharfen Muscheln herunterschaben und den sie dann in meterlange Stücke schneiden. Beim Fischfang besteht die Spitze meist aus

Hartholz. Die Harpunen befestigen sie an Nylonschnüren, die sie sich für den Erlös ihrer Kokosnüsse kaufen und die oft über zwanzig Meter lang sind. Auf dem Weg zum Fischfang tragen sie die Schnurrollen wie einen Turban um den Kopf.

Während die Fischerei vom Boot aus den Männern obliegt, ziehen die Frauen Netze durch seichte Buchten oder an Korallenriffen entlang. Sie holen kleinere Fische, Muscheln und Krabben an Land.

Es war am Strand, wo ich die Onge bei einer weiteren Tätigkeit beobachtete, bei der sie voreinander keinerlei Scheu hatten und uns Fremden ein beachtliches Maß an Reinlichkeit bewiesen.

Kleine Kuhlen im Sand

Die Onge gehen früh schlafen und stehen, wie wir schon gesehen hatten, sehr spät auf. Ich hatte meinen ersten Erkundigungs-Spaziergang bereits hinter mir, als die ersten Klein-Andamaner vor ihren Hütten erschienen. Sie gingen zum Strand hinunter, machten kleine Gruben in den Sand und hockten sich darüber. Nach einiger Zeit standen sie auf und bedeckten die Kuhlen fein säuberlich mit Sand. Es war das Natur-Klo der Onge, das von der Flut sauber gehalten wird.

Später erschien eine ältere Frau und wanderte langsam am Strand auf und ab. Sie stieß mit ihrem rechten Fuß gegen Dinge, die dort herumlagen und von der Flut angeschwemmt worden waren, besah sie sich und kickte Treibholz mit den Zehen auf einen Haufen. Waren Holzstücke zu naß, packte sie sie mit den Zehen und schleuderte sie weg. Die Frau hatte sich noch kein einziges Mal gebückt, was ihr wegen ihres Massaisteißes auch einige Mühe bereitet hätte. Erst als der Treibholzhaufen höher geworden war, klaubte die Frau das Brennmaterial mit den Händen auf und trug es zur Hütte.

Einen Kilometer entfernt, befand sich ein zweites Onge-Dorf. Ich ging dorthin in der Hoffnung, ein paar weitere Sitten und Gebräuche vor die Kamera zu bekommen. Bei unseren Onge in der Kokosplantage hatte sich nur die Bemalung erhalten. Und aus alten Fotos wußte ich, daß sie ihren Tabak auf recht eigenartige Weise rauchen. Zu dieser Zeit benützten sie auch Nautilus-Schnecken als Trinkgefäße. Die Frauen schabten sich mit Quarzsteinen die Haare vom Kopf. Aus Stein waren auch sinnvolle kleine Geräte zum Schröpfen. Nur die Äxte und Pfeilspitzen bestanden nicht aus Stein – dafür verwendeten die Onge Muscheln. Sie dienten ihnen in der naturgegebenen Form auch als Löffel, Messer und Kratzer. Verwendeten sie Holz, so stammte es von der eisenharten Mangrove.

Man weiß nicht genau, wann diese Menschen auf das Eisen kamen. Es muß durch angeschwemmte Wrackteile zu ihnen gelangt sein. Als die Engländer um 1858 die Andamanen übernahmen, stand es ihnen dann reichlicher zur Verfügung. Mit der Verwendung des Eisens verschwanden die traditionellen Materialien wie Muscheln, Holz und Knochen. In unseren Tagen ersetzten dann der Emailtopf und der Plastikeimer weitere Reste dieser Kultur.

Ich konnte also nicht recht daran glauben, daß ich an einem stilleren Siedlungsplatz der Onge mehr entdecken würde. Aber ich hatte Glück und traf auf einen kräftigen, nicht mehr ganz jungen Mann, der etwas abseits vom Dorf eine Hütte baute.

Er tat dies nach einem einleuchtenden Prinzip: Zuerst stellte er sein Bett auf einen gerodeten Fleck, dann vermaß er den zu bauenden Raum rund um diese Schlafstelle, schlug acht Pfeiler in den Boden und knotete mit Bastfasern Querstreben daran.

Er ließ sich nicht bei der Arbeit stören, antwortete aber bereitwillig auf meine Fragen. So erfuhr ich, daß dieser Mann keine Frau gefunden hatte, »weil es ja keine gibt«. Er sagte dies mit einer traurigen Stimme. Und deshalb baute er sich jetzt eine Junggesellenhütte. Der Mann, den die anderen Onge als eigenwillig bezeichneten, nahm sich für jeden einzelnen Balken unglaublich viel Zeit. Stundenlang drehte er die Stangen zwischen seinen Händen und klopfte die Rinde weich, die er dann langsam vom Stamm löste.

Nach einigen Stunden, die ich mit ihm verbracht hatte, schien es, als könne dieser Eigenbrötler Gedanken lesen, denn er erhob sich, verschwand für einige Augenblicke und kam mit einer wunderschönen Nautilus-Schnecke wieder. Ich bat ihn, mir die alte Trinkmethode vorzuführen, und er füllte die weitgebauschte Öffnung mit Wasser, setzte die Schnecke an seinen Mund und tat so als ob er trinken würde. Plötzlich schenkte er sie mir.

Nautilus-Schnecken haben einen Durchmesser von etwa fünfundzwanzig Zentimetern, bestehen aus sechsunddreißig Kammern (die man natürlich nicht sieht) und verfügen über eine schmutzig-weiß gefärbte Öffnung, die einer Trinkschale nachgebildet zu sein scheint. Die sanft geschwungene Form paßt sich der Hand des Trinkenden genau an und ist kastanienbraun getigert. Aus der Kunstgeschichte sind Gold- und Silberpokale bekannt, die auf ihrer Spitze feinpolierte Nautilus-Schnecken tragen. Diese Kostbarkeiten waren vor allem in der Renaissance und im Barock beliebt.

Hier sah ich nun eine Schnecke, die vom Abfallhaufen der Onge-Geschichte stammte. Er war eine Art Müllhalde nicht weit von der Hütte des Eigenbrötlers; in einem schmutzigen, wilden Durcheinander fand ich uralte Knochen, die von einer Seekuh stammten, mehrere Wildschweinschädel und Skeletteile von Kleintieren. Der Unterkiefer und ein Schulterblatt einer Seekuh waren mit roten Streifen bemalt, während die Wildschweinreste keinen Schmuck trugen. Später wurde mir erzählt, das sei doch klar, denn Wildschweine zu jagen erfordere weder Mut noch großes Können, während das Erlegen der Seekuh eine Kunst sei.

Der einsame Mann beim Hüttenbau war von meiner Neugier angeregt worden. Er zeigte mir, wie die Onge früher tranken: Sie legten sich auf den Bauch und schlürften das Wasser auf wie die Tiere, oder sie schöpften es in ein gefaltetes Blatt, aus dem sie wie aus der Nautilus-Schnecke tranken. Plastikbecher und Emailschüsseln haben diese natürlichen Trinkgewohnheiten verdrängt.

Der Mann demonstrierte mir auch, ohne daß ich ihn darum

gebeten hätte, die alte Art des Rauchens. Die Pfeife besteht aus der Spitze einer Hummerschere, ist etwa sieben Zentimeter lang und wird waagrecht geraucht. Der Tabak kommt in das dicke Ende, vorn wird ein Loch in die Scherenspitze gebohrt. Da saß er, paffte und freute sich über meinen Fotografier-Eifer.

Die Onge kennen keine Längenmaße wie Meter oder Fuß. So wie sie einen Ort nach einem Ereignis benennen, so benennen sie auch Entfernung nach der praktischen Erfahrung. »Ein Bogenschuß« sind etwa fünfzig Meter, »ein Tagesmarsch« sind etwa zwanzig Kilometer.

Der Mann mit der Balancestange

Wie benommen stand ich neben dem wachsenden Haus dieses merkwürdigen Mannes. Mein Spaziergang zu diesem Dorf hatte sich gelohnt. Wie viel hatte ich erfahren von dem, was an Sitten und Gebräuchen zum Untergang verurteilt ist! Da stolperte ein zweiter Mann auf mich zu, der seine Probleme auf fast schon geniale Art gelöst hatte.

Der Onge kam vom Wasserholen und trug seinen Metalleimer an einem dicken Palmwedel über der Schulter. Und zwar hatte er das bis zu fünfzehn Zentimeter starke Blatt so raffiniert ausbalanciert, daß er beide Hände frei hatte, während der Eimer am eingekerbten kurzen Ende hing und das lange Ende des Wedels das Gewicht des Eimers und des Wassers ausglich. Ich trat näher, um mir diese physikalische Erkenntnis eines Steinzeitmenschen aus der Nähe zu betrachten, als mir ein zweiter Trick auffiel: Der Mann hatte den Eimer randvoll gegossen und verhinderte das Überschwappen des Wassers, indem er Blätter auf die Wasseroberfläche legte.

Beide Prinzipien waren völlig richtig. Die Balancestange wäre uns zivilisierten Menschen des zwanzigsten Jahrhunderts vielleicht gerade noch eingefallen, aber die Sache mit den Blättern – wer von uns wäre darauf gekommen?

Ich bat die Onge des Süddorfes, mir eines ihrer Boote zu zeigen. Es lag verborgen im Busch, war mindestens vier Meter lang und federleicht. Ein Mann allein konnte es zu Wasser bringen. Ein Auslegerboot mit zwei gleichen Enden, wodurch man es vorwärts wie rückwärts gleich gut rudern konnte. Mit ihm ließ sich während der Fahrt die Richtung ohne Wenden ändern. Kleine Plattformen, die an den Enden aus dem Holz herausgearbeitet waren, dienten den Fischern als Standplatz, von dem aus sie mit ihren Pfeilen oder Harpunen auf die Fische anlegten.

Die Onge luden mich zu einer kurzen Fahrt hinaus aufs Meer ein und ich folgte beruhigt ihrer Aufforderung. Der Ausleger gibt den Bootsinsassen die Sicherheit, nie kentern zu können. Und wenn – sinken kann das Boot keinesfalls, denn der Auslegerbalken schwimmt immer oben.

Die Onge lieben ihre Boote und verwenden entsprechend viel Mühe auf das Bauen. Zuerst suchen sie sich einen geeigneten Baum, höhlen ihn auf drei bis fünf Zentimeter Wandstärke aus und stützen das Innere mit schmalen Brettchen ab. Entlang den Innenkanten laufen kräftige Stangen von Spitze zu Spitze. Die drei Auslegerarme durchstoßen beide Bootswände und enden etwa zwei Meter vom Rumpf entfernt. In gleicher Höhe mit dem Kiel des Bootes liegt ein zehn Zentimeter dicker Baumstamm, der an den Auslegerarmen an je zwei Stellen mit drei biegsamen Zweigen befestigt wird. Diese kommen aus einem Punkt, fächern sich auf und werden in zweimal zwanzig Zentimeter Abstand an den Ausleger gebunden.

Diese stabile, sinnvolle Konstruktion beruht auf einer langen Erfahrung. Artistisch kämpfen die Onge mit ihren Booten gegen die Brandung an und scheuen sich auch nicht vor engen Riffdurchfahrten. Das leichte Holz, aus dem die Boote gebaut sind, macht sie so gut navigierbar.

Als ich von der Bootsfahrt zurückkam, sah ich einige Männer, die Kokosnüsse in Jutesäcke packten. Dann versuchten sie, diese an den Strand zu tragen – eine Arbeit, die ihnen schwerfiel, denn wegen ihrer Verfettung sind sie kaum in der Lage, sich bis zum Boden hinunter zu bücken. Vier Männer müssen einen Sack anheben und einem fünften in ein Baumrinden-Stirnband legen, das dem Träger den Sack ins Kreuz drückt. Dann packt er den Sack, indem er über die Schulter zurückgreift, und marschiert los. Ein zweites Band führt vom Bauch des Mannes zum Rücken und soll den Sack vor dem seitlichen Abrutschen bewahren.

Was ich hier am Strand beobachtete, war der Beginn des Onge-Handels, der gewöhnlich in Emailtöpfen und Stahläxten endet. Die Kokosnüsse wurden in ein Ruderboot verstaut und nach Hut Bay gefahren, wo Patrick Lobo, der Onge-Betreuer, sie verkauft.

Die Onge interessierten sich besonders für die Rasierklingen, die ich als Tauschobjekte mitgebracht hatte. Sie waren ganz versessen auf die scharfen Werkzeuge und taten alles, um in ihren Besitz zu gelangen. So konnte ich einige wertvolle Gegenstände durch Tausch erwerben.

Tanz am Strand

Die Frauen dieses nur noch hundertzwölf Köpfe zählenden Stammes sammeln Feuerholz, holen Wasser und bereiten die Mahlzeiten. Dazu verwenden sie Erdöfen oder glühend heiße Steine. Salz kennen sie nicht. Frauen sind, wie der Eigenbrötler schon traurig berichtet hatte, sehr begehrt, da es wenige gibt. Die vier Onge-Gruppen auf Klein-Andaman haben deshalb auch keinen sehr engen Kontakt untereinander, während sie sich früher häufig besuchten, um nach Mädchen in heiratsfähigem Alter Ausschau zu halten. Inzucht ist also unvermeidlich.

König Leopold hat den Onge für diesen Abend eine Verteilung von Nahrungsmitteln zugesagt, und so kamen etwa vierzig Eingeborene mit Plastiktellern, frischen Blättern, Emailbechern und Holzschüsseln zu uns an den Strand. Der Monarch verteilte Mehl und Tee, und plötzlich begannen die Frauen, zuerst unbemerkt, zu tanzen. Männer und Kinder saßen im Sand, das Meer rauschte, die Palmen wiegten sich leicht im Wind und Millionen von Käfern leuchten in den Mangroven-Sümpfen. Man kann Männchen und Weibchen dieser Leuchtkäfer leicht unterscheiden, weil die Männchen ihre »Lämpchen« immer mal ausknipsen, während die Weibchen durchgehend strahlen. Wir sind bezaubert von dem zarten Flimmern.

Es war ein stiller Tanz, kein ekstatischer und kein Tanz, um den ganzen Körper zu bewegen. Die Frauen drehten, wanden, schüttelten und stießen nur ihre Hüften hin und her, den Oberkörper hielten sie ruhig. Zum Fotografieren flammten die Blitzlichter auf. Das Bild wurde noch gespenstischer: Die Frauen faßten sich an den Ellbogen und bildeten einen Kreis. Ihre Schamschürzen aus gelb-weißen Bastfasern schwangen auf und ab. Alte Frauen waren darunter und ganz junge. Spuren der Gesichts- und Körperbemalung, jetzt schon verwaschen und kaum erkennbar, leuchteten im Dunkel. Dann löste sich der Kreis auf, die Frauen stellten sich in eine Reihe, stampften vor und zurück, nach rechts und nach links und stießen wieder ihre Hüften vor und zurück.

Wir wurden Zeugen eines Fruchtbarkeitstanzes hier am Strand von Klein-Andaman. Die Zeremonie wurde zu Ehren des Königs aufgeführt, der aus einem fernen Land kam, um die letzten Onge zu besuchen und der ihnen Geschenke überreichte und sich zu ihnen in den Sand setzte.

Aber dann erhoben sich die Männer. Sie mahnten zum Aufbruch, streichelten die Kinder und hoben sie den Müttern in die Rückenschlingen. So lautlos wie sie gekommen waren, entschwanden die Onge im Dunkel. Wir waren wieder allein am Strand.

Antiautoritäre Erziehung

Die Onge behandeln ihre Kinder nach einem Prinzip, das manche bei uns für der Weisheit letzten Schluß halten: die antiautoritäre Erziehung. Wir brauchten zur Entwicklung dieser Theorie Jahrzehnte, die Steinzeitmenschen auf Klein-Andaman kannten nie eine andere. Onge-Kinder dürfen all das tun, was uns früher verboten war: mit dem Feuer spielen, mit der Harpune fischen, Pfeile abschießen, auf Bäume klettern, essen, wann immer sie hungrig sind, aufbleiben so lange sie möchten und schlafen, wenn sie müde sind. Und natürlich sind sie auch dabei, wenn die Onge Kinder zeugen und in den Hütten beieinander ruhen. Kinder auf Klein-Andaman sind in jeder der vierundzwanzig Stunden, die der Tag ihnen schenkt, freie Menschen, die ohne Zwang aufwachsen. Daß ihnen kein Erziehungskorsett angelegt wird, ist für die Onge selbstverständlich.

Nach dem Tanz am Strand war uns aufgefallen, wie fürsorglich sich gerade die Väter um die Kinder bemühten. Auch bei unseren Hütten gab es Babies, und ich beobachtete mit Interesse, daß gerade die Männer sich besonders um sie kümmerten.

Nur die Eltern haben bei den Onge das Recht, die Kinder zu erziehen. Mit großer Geduld bringen sie ihnen bei, die Dinge, die sie lernen sollen, spielerisch nachzuahmen. Benehmen sich die Kinder ungezogen, werden sie zwar von den Eltern gerügt, erhalten aber stets eine Erklärung oder Begründung für den Tadel. Nie habe ich gesehen, daß ein Erwachsener ein Kind geschlagen oder eine ernsthafte Bestrafung vorgenommen hätte.

Das Ziel der Eltern war in allen Fällen, die wir beobachten konnten, ihren Kindern den Sinn und das Bewußtsein für die Gemeinschaft klarzumachen. Man lebte in einer Kommune und hatte sich so zu verhalten, daß sie funktionierte. Was bei uns als Protest gegen bestehende Gesellschaftsformen und Moral verstanden wird, ist hier bei den Onge *die* Gesellschaftsform, deren Moral sich alle zu unterwerfen haben.

Die Kinder wachsen also unbefangen auf, gehorchen den Eltern ohne sie als unfehlbare Autoritätspersonen anerkennen zu müssen und können ihrem Spieltrieb folgen, der die Kunst der Improvisation zum Lebensinhalt macht. Kindergarten ist die Natur: sie spielen unter Wasser Fangen, veranstalten Scheinbegräbnisse am Strand und spielen Familie. Natürlich fehlen auch die grausamen Scherze mit Tieren nicht, aber viel lieber schaukeln sie an Lianen durch den Dschungel.

Die Onge leben monogam. Vor der Hochzeit allerdings ist ein Durcheinander der Beziehungen erlaubt. Die Wahl des Ehepartners erfolgt freiwillig, Scheidungen sind äußerst selten.

Die Hochzeiten sind schlicht und als Zeremonie kaum zu erkennen. Angesichts des Clans nimmt ein Mann die Frau seiner Wahl bei der Hand und führt sie zu einem neuen Schlafgestell. Dies geschieht am späten Abend, während die Hochzeitsgäste die ganze Nacht durchtanzen.

Onge-Ehen sind sehr emanzipierte Verbindungen. Die Frau nimmt mit den Männern am Ältestenrat teil, der über Angelegenheiten befindet, die den ganzen Stamm oder die Sippe betreffen. Der Ehemann hat nicht das Recht, ohne Zustimmung der Frau über deren Besitz zu verfügen. Er kann aber eine Ehescheidung verlangen, wenn seine Frau unfruchtbar ist.

Die Kinder werden bis zu ihrem dritten oder vierten Lebensjahr gestillt, oft übernehmen junge Mütter noch ein weiteres Kind. Babies der Onge können fast immer zur gleichen Zeit schwimmen wie laufen.

Diese auf Harmonie ausgerichtete Gemeinschaft hat aber auch ein feines Empfinden für gruppenschädigendes Verhalten. So wird Faulheit als asozial betrachtet; besonders Männer sollen zur Ernährung der eigenen Familie und der ganzen Sippe beitragen. Tut einer das nicht, wird zwar nichts gesagt, aber die Gemeinschaft schneidet ihn. Weitere gesellschaftliche Vergehen sind Untreue, Unduldsamkeit und die Weigerung zu heiraten.

Als schwerwiegendes Vergehen wird das Nichterscheinen bei einer der Initiationsfeiern angesehen. Diese markieren den Übergang vom Kindesalter zum Erwachsenen.

Den Zeitpunkt bestimmen die Eltern. Ein Knabe muß sich auf den Boden setzen und bekommt mit einem Stein oder spitzen Holzstock zwanzig bis dreißig senkrechte Schnitte über den Rücken gezogen. Er muß dies klaglos über sich ergehen lassen und unter Umständen – das ist in den einzelnen Familien verschieden – noch die ganze Nacht tanzen. Erst danach wird er zum Mann erklärt.

Bei den Mädchen gehen die Initiationsfeiern ohne Blut ab, sind aber noch schwieriger. Man verlangt von ihnen, sich vierundzwanzig Stunden lang mit Palmenblättern bedeckt an einen Baumstamm zu lehnen, nicht zu sprechen und nicht zu schlafen. Haben sie diese Prüfung bestanden, so sind sie heiratsfähig und erhalten einen neuen Namen. Es ist ein hübscher Brauch, die Mädchen nach einer Blume zu benennen.

Als asozial gelten auch Handlungen, die Unheil oder schlechtes Wetter nach sich ziehen, wie zum Beispiel das Töten einer Heuschrecke oder das Verbrennen von Bienenwachs. Die Onge gehen davon aus, daß die Tat nicht den trifft, der sie vollbracht hat, sondern die ganze Sippe. Die Gemeinschaft hat also zu verantworten, was der Einzelne getan hat. Aber die Gemeinschaft straft nicht; das tun die Götter. Die Gemeinschaft straft den Täter lediglich mit Mißachtung.

Doch noch einmal zurück zu den Kindern. Neugeborene stehen

derart stark im Mittelpunkt des Lebens, daß sich die Eltern nach ihnen nennen. Heißt ein Baby zum Beispiel Jeru, werden sie in Zukunft nur noch Jerus Mutter und Jerus Vater gerufen.

Eine Geburt erregt bei den Onge keine große Aufregung. Umgeben von hilfsbereiten Nachbarinnen hockt die werdende Mutter in einem Haufen frischer Blätter und lehnt sich mit dem Rücken gegen einen Pfahl oder Baum. Das Kind kommt wie von selbst, nur während der Wehen helfen die anderen Frauen der Kreißenden beim Pressen.

Stirbt ein Neugeborenes, und kommt die Mutter nach Ablauf eines Jahres erneut nieder, so glauben die Onge, dies sei eine Wiedergeburt. Das zweite Kind erhält deshalb den Namen des ersten.

Affengalle gegen Knochenbrüche

Was die Onge heute am meisten fürchten, sind Krankheiten. Tatsächlich ist ihre Widerstandskraft gegen Infektionen sehr gering. Jede Epidemie fordert enorme Opfer. So kosteten die Masern, die 1877 auf Klein-Andaman eingeschleppt wurden, jeden fünften Onge das Leben (und an der Ausrottung der Groß-Andamaner war die Syphilis nicht unerheblich beteiligt).

Dabei steht die Heilkunde der Onge auf einem unerwartet hohen Niveau. Sie haben ihre eigenen, durch jahrhundertelange Praxis erprobten Heilmittel, die sicherlich von Fall zu Fall Linderung oder sogar Heilung bringen.

So wird Malaria dadurch behandelt, daß man den Erkrankten auf Streu legt und ihn mit den Blättern der Trigomostemon longifolius einreibt. Ab und zu muß er den Duft der Blätter einatmen. Leidet ein Onge unter Erkältung, so setzt man ihn ans Feuer; kommt ein Husten hinzu, muß er die Blätter einer Alpinia kauen oder deren Saft trinken. Hilft das nichts, wird ein dicker Brei angerührt und dem Kranken auf die Brust gelegt. Bei Rheuma reibt man die schmerzenden Glieder mit olivfarbenem Lehm oder dem Fett der Fliegenden Hunde ein.

Juckt die Haut, bekommt der Kranke heiße Steine aufgelegt. Ein Mittel, das immer hilft. Auch gegen Durchfall besitzen die Onge eine Arznei: Geschluckt wird einfacher weißer Lehm oder ein Sud aus Pare-Blättern. Epileptiker werden mit kaltem Wasser übergossen. Etwas länger dauert die Behandlung von Brüchen. Aus grünen Blättern wird eine Bandage angefertigt, dann muß der

Patient Affengalle oder die Galle einer Riesenschlange schlukken. Allerdings gibt es diese Schlangen sehr selten.

Häufiger sind Vipern, die von den Onge, die wir kennenlernten, gefürchtet werden. Ihr Biß wird kuriert, indem man das Tier totschlägt, häutet und die Innenseite der Haut auf die Wunde legt.

Neben diesen natürlichen Heilmitteln glauben die Onge auch an spirituelle Heilung. Feuer vertreibt mit magischer Kraft Krankheiten, die von bösen Geistern geschickt wurden. Onge, die ihre Hütten in der Nacht verlassen, nehmen stets einen glühenden oder brennenden Ast von der Herdstelle mit.

Auch das Essen hat ihrer Meinung nach Wirkungen, die sie als Kraft und Hitze bezeichnen. Sie essen daher aus gesundheitlichen Gründen viel und fettreich, um eine hohe Körpertemperatur zu erzeugen. Fettleibigkeit ist unter diesen Umständen sehr verbreitet.

Bereits zu Beginn dieses Jahrhunderts haben Wissenschaftler festgestellt, daß die Onge sich von anderen Menschen durch eine höhere Körpertemperatur unterscheiden. Der italienische Anthropologe Lidio Cipriani hat bei einigen Onge 38 Grad gemessen; der Durchschnitt beträgt 37,5 Grad. Frauen wiesen noch höhere Werte auf. Die Onge fühlen sich also bei einer Körpertemperatur wohl, die wir als leichtes Fieber bezeichnen würden. Cipriani führte diese Anomalie auf den Mangel an Salz und die Art der Ernährung zurück und bezeichnete sie als »rassisches Merkmal«. Der Anthropologe wies die Vermutung zurück, daß die erhöhte Temperatur auf eine chronische Malaria zurückzuführen sei. Diese ist auf Klein-Andaman unbekannt. Erstaunlicherweise ist die Körpertemperatur der Buschmänner und Pygmäen, also der afrikanischen Negritos, kein Zehntelgrad höher als unsere. So betrachtet, sind die Onge also einmalig. Diese Einmaligkeit bezahlen sie mit einem deutlichen Vitalitätsverlust, der durch Untätigkeit noch gesteigert wird.

Menschen im Zoo

Die Moral der Onge hat sich in den letzten zwanzig Jahren völlig verändert, ihre Instinkte verkümmerten.

Es gibt Fotos, auf denen Andamaner in einem Käfig im Zoo von Kalkutta zu sehen sind. Hinter den Gittern posieren vier männliche und zwei weibliche Andamaner. Sie verkauften damals kleine Büschelchen ihres Pfefferkorn-Haares um eine Rupie und tanzten für Geld. Das war im Jahre 1883. Der Stolz der Negritos war schon damals gebrochen. Nur auf Nord-Sentinel hat sich die Wildheit dieser »Menschenfresser mit Hundezähnen« erhalten.

Und wir? Wir haben lange geglaubt, daß diese Menschen froh sein sollten, wenn wir ihnen unsere gepriesene Zivilisation bringen. Aber wie können die Andamaner mit ihrer so völlig anderen Moral unseren guten Willen erkennen? Sollten sie glücklich darüber sein, daß man ihnen die Hälfte einer winzigen Insel stiehlt und viertausend Siedler einlädt, sich dort niederzulassen, wie das auf Klein-Andaman der Fall ist? Sollten sie froh darüber sein, daß das Wild sich vor dem Lärm der Straßen- und Hafenbauer immer tiefer in den Dschungel zurückzieht, oder daß plötzlich Krankheiten auftreten, gegen die sie kein Mittel haben, weil sie sie bisher nicht gekannt haben?

Es ist auf den Andamanen wie überall, wo die Zivilisation die althergebrachten, gewachsenen Lebensformen verdrängt. Den Fremden mit ihren unbekannten Sitten folgte überall der Niedergang der Urbevölkerung, die Proletarisierung und Ausrottung. Die Todesrate hat bei den Andamanern längst die Zahl der

Geburten übertroffen – sie sind endlich auf die Zivilisation gekommen.

Diese Gedanken bewegten mich, als die Abfahrt immer näher-rückte. Ich verpackte die Gegenstände, die mir die Onge geschenkt oder die ich von ihnen eingetauscht hatte: Sechs Nautilus-Schnecken, zwölf Pfeile, fünf Bögen, drei Harpunen und die bemalten Schädel der Seekühe. Elf Stunden später fuhr unser Schiff in den Hafen von Port Blair ein. Klein-Andaman lag hinter mir. Vierzig der letzten hundertzwölf Onge habe ich vermutlich zum letzten Male gesehen.

Intermezzo in Port Blair

Wir erholten uns und fuhren zum Baden an die Südwestküste von Süd-Andaman, zu einem Ort namens Wandhur. Dort gab es einen herrlichen, blütenweißen Sandstrand mit klarem, türkisblauem Wasser. Die Siedler brachten uns bunte Fische und einen kleinen Hai. Das Idyll hatte nur einen Nachteil: Zum Bauen holten die Inder hier Sand und höhlten so die Wurzeln der Bäume aus, die herumstanden wie auf Stelzen bis sie verdorrten, umfielen und modernd auf dem Strand herumlagen. Als man das entdeckte, wurden die LKW-Fahrer angewiesen, ein Stück weiterzufahren, damit die Badeküste erhalten blieb – eine Maßnahme, die zur Folge hatte, daß der ruinierte Strand ruiniert blieb und die Sandholer jetzt das Stück verwüsten, das noch intakt war.

An einer Stelle der Küste waren Inder gerade dabei, mit Ochsen Land zu roden. Was für eine mühsame und zeitraubende Angelegenheit! Hier merkte man, wie unbeholfen Ochsen mit Forstarbeitern im Vergleich zu Elefanten mit Mahouts sind. Drei Ochsenpaare schleppten kleinere Stämme heran, die dann von zehn Ranchis über eine Schräge auf Lastwagen gerollt werden sollten. In den zwanzig Minuten, die ich zuschaute, gelang es nicht, auch nur einen einzigen Stamm aufzuladen ...

Während des Wartens auf die nächste Expeditions-Etappe, den zweiten Besuch bei den Jarawa auf Mittel-Andaman, erinnerte ich mich an den Saddle Peak, den höchsten Berg dieser Inselkette. Der Pilot der Maschine, die uns nach Port Blair gebracht hatte, war eine Ehrenrunde um den wolkenverhangenen Doppelgipfel geflogen und hatte in mir die alte Bergsteiger-Sehnsucht geweckt. Wir hatten Zeit, warum sollte ich nicht hinaufsteigen, zumal die Tour nach Auskunft der Einheimischen und nach meinen eigenen Schätzungen nicht länger als einen Tag dauern konnte – morgens hinauf und zum Tee wieder zurück.

Daß ich bei dieser Besteigung mein Leben riskieren würde, ahnte ich nicht. Aber daß es einer der schwersten Berge meines Lebens werden sollte, war meine eigene Schuld. Die Verletzungen, die ich beim Auf- und Abstieg erlitt, trage ich heute noch mit mir herum.

Der schwierigste Berg meines Lebens

Dabei fing alles so harmlos an: Ein Schiff brachte unsere Gruppe hoch hinauf nach Nord-Andaman und ankerte am Strand bei einem Dorf namens Diglipur. Wieder waren wir an der Ross-Insel, dem Leuchtturm und dem Groß-Andamaner-Reservat, der Strait-Insel, vorbeigeschippert. Für einen Moment trat der Berg aus seinem Wolkenschleier und ich konnte sehen, wie er zu seinem Namen kam: Zwei Gipfel und dazwischen ein Paß, der Sattel.

Es ist ein mit dichtem Dschungel bedeckter Berg, den die Eingeborenen fürchten, da an seinen Flanken angeblich die größten und giftigsten Schlangen leben. Dazu soll es enorme Tausendfüßler geben und zahlreiche böse Geister.

Mein Plan war, möglichst schon um fünf Uhr morgens aufzubrechen, um noch bei Tageslicht wieder bei den Freunden auf dem Schiff zu sein. Aber da begannen die Schwierigkeiten bereits. So früh, sagte man mir, sei kein ortskundiger Führer zu bekommen. Sieben Uhr . . . und als dann um acht Uhr zwei Gestalten auftauchten und behaupteten, den Saddle Peak zu kennen wie ihre Hosentasche, war ich keineswegs beruhigt – die beiden Inder trugen Khakiuniformen, braune Tennisschuhe und Spazierstöke. Bergführer? Mitnichten. Freundlich grinsend entpuppten sie sich als zwei Polizisten: K. R. Nair und Sher Mohammed. Dann stellten sie einen jungen Mann vor, der sich angeblich noch besser auskennen würde, weil er ein professioneller Sirdar (Führer) sei. Ich verfügte also für einen nur achthundert Meter hohen Waldgipfel über drei Bergführer.

Zunächst ging alles nach Plan. Vom Hafen Diglipur aus verlief eine Asphaltstraße zwei Kilometer nach Süden parallel zur Küste; dann folgte ein Pfad, der aus dem Dschungel geschlagen worden war und schließlich gerieten wir auf einen Feldweg mit Tümpeln, morastigen Lachen und Spuren von Sumpf. Nach vier Kilometern tauchte die Siedlung Shivapur auf, deren Bewohner wir in den Reisfeldern bei der Ernte sahen. In kleinen, schmutzigen Weihern suhlten sich Wasserbüffel, vor einer Hütte stand eine einzelne Kokospalme, von der die Polizisten eine Nuß holten. Wir teilten uns die Milch; sie schmeckte herrlich und ich ließ meine Ration in einem Zug durch die Kehle laufen.

Wir waren gut in der Zeit, das Wetter war befriedigend, und ich blickte hoffnungsvoll hinauf zu den jetzt wieder verhangenen Gipfeln, als einer der Polizisten mir dafür dankte, daß er durch mich Gelegenheit habe, endlich einmal auf den höchsten Berg seiner Heimat zu kommen. Es stellte sich heraus, daß weder er noch sein Kollege die geringste Ahnung von der Route hatten. Aber da war ja noch der junge Mann, der die Gegend zu kennen schien. Also schluckte ich meinen Ärger hinunter und marschierte weiter.

Nach etwa dreißig Minuten erreichten wir das Dorf Kalipur und rasteten. Aus einer Hütte kamen Leute und ich dachte, ich höre nicht recht, als mein dritter Führer fragte, ob jemand den Weg zum Saddle Peak kenne. Einer bejahte und so nahm ich ihn als vierten »Experten« mit. Er zögerte zuerst, glaubte dann aber schon am Nachmittag wieder im Dorf zu sein und packte seine Sachen. Also hatte Sinha, der oberste Forstbeamte der Andamanen, doch recht; er wäre, versicherte er mir, vor einigen Jahren in acht Stunden rauf und runter marschiert. Im Moment sei er leider zu dick, um mich zu begleiten.

Ein anderer »Sachverständiger« riet mir, mich nicht mit einer Wasserflasche zu belasten, da es Quellen in Hülle und Fülle gebe. Ein dritter behauptete, Blutegel seien in diesem Teil des Dschungels unbekannt. Nun bin ich ein vorsichtiger Mensch, füllte meine Feldflasche dennoch mit etwa einem Liter Wasser, packte etwas Corned Beef und eine Dose Käse in den Rucksack (den einer der Polizisten freundlicherweise tragen wollte) und vergaß auch meinen Kompaß nicht. Ich konnte nicht ahnen, wie sehr ich diese Dinge noch brauchen würde.

Der »kleine Spaziergang« entpuppte sich als Mammut-Tour. Vier Stunden lang marschierten wir nicht einmal bergauf, sondern rund zwanzig Kilometer entlang der Küste, den Saddle Peak zu unserer Rechten. Von Zeit zu Zeit mußten wir über schräge, mit unangenehmem Geröll bedeckte Hänge klettern, über riesige, umgestürzte Baumstämme balancieren und um weit ausschwingende Buchten herumlaufen.

Meist jedoch versperrten uns Sümpfe den Weg. Zuerst machte ich mir noch die Mühe, meine Schuhe auszuziehen, wenn wir eine dieser morastigen, knietiefen Stellen durchwaten mußten. Aber dann behielt ich sie an, bis das Wasser in ihnen stand. Schließlich mußte ich die Stiefel ausleeren, da sich Sand und kleine Steine angesammelt hatten.

Die Temperatur war auf dreißig Grad im Schatten geklettert, da stießen wir auf die Mündung eines kleinen Baches. Sollte ich die Wasserflasche noch einmal auffüllen? Nein, sagte der vierte Führer, zu trinken gebe es genug da oben. Ich füllte die Flasche dennoch und gab etwas Orangenpulver als Vitamin C dazu. Später habe ich mich oft gefragt, ob mein Hindi von den Führern nicht verstanden worden war. Aber ich spreche ganz leidlich, und meine Unterhaltungen mit den vieren liefen ja flüssig. Daran konnte es also nicht gelegen haben . . .

Endlich schlugen wir eine andere Richtung ein und kletterten im Bachbett aufwärts. Unser Weg führte über schlüpfrige Felsen oder durch so dichtes Dornengestrüpp, daß wir uns auf den Boden legen und darunter durchkriechen mußten. Ich überlegte gerade, ob ich die üppige Natur bewundern oder alles verfluchen sollte, weil es keinen Pfad . . . da rutschte ich aus, schlug mit meiner rechten Seite auf einen Felsblock; mir blieb die Luft weg, ich konnte mich kaum aufrichten, nur sehr schwer atmen und wußte aus Erfahrung, daß ich mir einige Rippen zumindest stark geprellt, wahrscheinlich sogar gebrochen hatte. Meine Brille war weg, in den Bach gefallen. Sie in der reißenden Strömung zu suchen, war hoffnungslos. Aber sollte ich umkehren, da ich bis hierher gekommen war?

Ich hatte mir in meinem Leben schon fünfzehn Rippen gebrochen. Das war also nichts Neues für mich. Es tat nur höllisch weh, ich konnte meine Arme kaum bewegen, und die Inder wurden immer unsicherer.

Es blieb mir nichts anderes übrig, als selbst die Führung zu übernehmen. Auch Experte Nr. 4 war ausgefallen, nachdem er auf eine dichte Stelle des Dschungels gedeutet und behauptet hatte, hier ginge ein Pfad ab, den wir benützen müßten. Wir versuchten einzudringen, aber da war kein Pfad. Inzwischen war das Bachbett so steil geworden, daß wir uns nur an Lianen hochhangeln konnten. Ich fragte den Mann, wo denn nun der Pfad sei. Er schaute mich irritiert an – er hatte keine Ahnung. Auch er war nie auf dem Gipfel des Saddle Peak gewesen und hatte sich nur wichtig gemacht. Ein Bergsteiger, vier Führer – und keiner wußte die Route!

Wir befanden uns jetzt auf dem Rücken des Berges und ich erkannte nach zwanzig bis dreißig Metern, daß es hier tatsächlich einmal einen Pfad gegeben haben mußte. Aber dann wurde der Dschungel wieder dichter, wir mußten uns durch das Unterholz schlagen. Einer der Polizisten klagte über Durst. Nun gut, es sollte ja genügend Wasser geben da oben. Also öffnete ich die Flasche und sagte ihm, wir anderen würden später trinken, er könne seinen Teil jetzt zu sich nehmen. Dabei achtete ich gar nicht darauf, wieviel er trank.

Je höher wir kamen, desto undurchdringlicher wurde der Wald, weil die Bäume kleiner waren. Auf allen vieren krochen wir unter dem Dickicht durch. Meine Schmerzen wurden immer heftiger, denn ich mußte für jeden Schritt die Arme gebrauchen. Gegen fünfzehn Uhr – nach neun Stunden mühsamster Kraxelei – standen wir dann endlich auf einem südlichen Nebengipfel. Hier wuchsen nur niedrige Büsche, das Wetter war wieder klar und ich überblickte die ganze Küstenstrecke von Diglipur, wo wir aufgebrochen, bis zu der Bachmündung, bei der wir abgebogen sind.

Glücklich, wenigstens so weit gekommen zu sein, griffen jetzt auch wir drei anderen zur Wasserflasche – die fast leer war! Der Polizist lachte etwas verlegen, aber was hätten Vorwürfe genützt?

Inzwischen war mir klar geworden, daß wir niemals am Nachmittag zum Schiff zurückkommen würden. Wir konnten höchstens hoffen, spät abends in Diglipur zu sein. Ich schlug meinen Begleitern vor, sofort umzukehren, aber davon wollten sie nichts wissen. Sie erklärten mir, daß von Diglipur ein bequemer Pfad auf den Gipfel führe, und wenn wir den hinuntersteigen würden, könnten wir leicht am Abend zurück sein. Das leuchtete mir ein, allerdings fragte ich mich, warum wir diesen scheinbar so problemlosen Weg nicht schon zum Aufstieg benützt hatten.

Aber ich glaubte den Vieren noch einmal, und so begann das eigentliche Martyrium: sperriges Gehölz, Morast, Dornenbüsche, schlüpfrige Felsen und weit und breit kein Weg. Die Zweige schlugen uns ins Gesicht, weil wir unsere Hände zum Kriechen brauchten. Fanden sie einen Halt, glitten die Beine weg. Da standen wir plötzlich auf dem Hauptgipfel des Saddle Peak!

Die Küste war klar zu erkennen. Irgendwo da unten ankerte unser Schiff. Als ich mit der Kamera einen Standort suchte, stieß ich auf mehrere lose Granitbrocken, aus denen die Inder einen Steinmann bauten. Vorsichtig geworden durch die Enttäuschungen beim Aufstieg, drängte ich zur Rückkehr. Wir brachen auf. Von dem »bequemen« Pfad war weit und breit nichts zu sehen. Ganz im Gegenteil. Hier wuchs Bergbambus, der so dicht stand, daß ein Mann nicht durchkam. Das Buschmesser, das einer der Polizisten mitgebracht hatte, konnte gegen dieses Dickicht nichts ausrichten; erstens fehlte der Raum, um damit auszuholen, zweitens fielen die Bambusstauden erst nach drei bis vier kräftigen Hieben. Das war viel zu mühsam und zeitraubend. Wieder ließen wir uns auf allen vieren nieder und verfluchten die bösen Geister des Saddle Peak.

Für Stunden immer dasselbe: kriechen, fluchen, Durst und kein Weg. Manchmal glaubten wir, einen Pfad zu entdecken, aber meistens endete er nach vier bis fünf Metern. Ich mußte einen Biwakplatz finden – und Wasser. Also schlug ich vor, nach Osten abzuschwenken (während wir bisher in Richtung Norden geklettert waren), den steilen Hang zu suchen, über den wir aufgestiegen waren, und erst halt zu machen, wenn wir eine Wasser-Rinne gefunden hätten. Jetzt erwies sich mein Kompaß als wertvolle Hilfe.

Es war ein Alptraum. Die Inder, die vor mir herkrochen, lösten immer wieder Felsbrocken, die ein paar Meter kullerten und im Gestrüpp hängenblieben. In der Dunkelheit, die mittlerweile zur finsteren Nacht geworden war, konnte ich die Hindernisse nicht erkennen und prallte dagegen. Mein Hemd zerriß, meine Hände platzten auf und die zurückschnellenden Zweige schlugen mir Dornen ins Gesicht. Ich rief den Indern zu, sie sollten langsamer kriechen, aber sie hörten nicht auf mich, und so hatten sich die Löcher, die durch die vier Inder im Unterholz entstanden waren, längst wieder geschlossen, wenn ich durchrobben wollte. Mein Hut war seit Stunden weg, die Rippen schmerzten jetzt fast unerträglich. Da hörte ich von unten einen Schrei: die Inder hatten Wasser gefunden.

Es war nur eine Pfütze, und sicher verdreckt. Aber ich kroch an ihren Rand und trank mich satt. Erschöpft blieb ich an einem Felsen liegen. Von Weitergehen konnte keine Rede sein. Jetzt in der Nacht, wo die Felsen wieder feucht und schlüpfrig wurden, war jeder Schritt abwärts lebensgefährlich. Einer der Inder hatte bereits ein Riesenglück gehabt: der Felsblock, auf den er sich stützte, drehte und rollte weg. Der Mann fiel nach vorn und schlug mit dem Kopf gegen den Stein. Sein linker Backenknochen schwoll an, aber Blut kam trotz seines heftigen Reibens nicht.

Ich hatte mich einigermaßen erholt, obwohl mir die Rippen unverändert wehtaten, und löste eine Vitamin-Brausetablette auf meiner Zunge auf, als mir die Dose mit dem Käse einfiel. Was für eine gute Idee, so eine eiserne Ration mitzunehmen! Die Inder reichten mir meinen Rucksack, aber nirgends der Käse. Keine Spur von der Dose! Sie blieb verschwunden und ich wußte nicht einmal, ob wir sie verloren oder ob die Inder sie genommen hatten. Oft genug war ich ja in dieser Nacht weit hinter ihnen zurückgeblieben. So besaß ich nur die kleine Büchse mit Cornedbeef. Ich war versucht, sie zur Strafe allein aufzuessen. Aber wenn wir nun den Käse doch verloren hatten? Ich öffnete die Büchse mit dem Fleisch, fuhr mit dem Messer hinein und reichte dem ersten meiner »Führer« eine Portion. Aber er nahm sie nicht, sondern fragte, ob das etwa Rindfleisch sei, das er als gläubiger Hindu nicht verzehren dürfe. Die drei, was sie auch angerichtet haben mochten, taten mir leid; immerhin hatten sie mich schließlich doch auf den Gipfel und sicher zu dieser Stelle gebracht. Nein, sagte ich, das Fleisch besteht aus einer Mischung vieler Sorten, Rindfleisch ist nicht dabei. Da nahmen sie dankbar ein Messer voll. Mehr war für keinen in der Büchse.

Getrunken hatten wir, gegessen hatten wir, was da war. Jetzt mußten wir an Schlafen denken. Jeder versuchte, einen Felsen ausfindig zu machen, an den er sich lehnen oder kauern konnte. Ich blieb da, wo ich stand, denn meine Rippen schmerzten inzwischen so sehr, daß ich keine zwei Schritte zu gehen vermochte. Ein Feuer könnte uns helfen, dachte ich, und bat die Inder, trockenes Holz zu suchen. Eine schwierige Sache in dieser Finsternis und gerade hier, wo es Wasser gab, lag kein Holz herum.

Die Inder mußten sich fünf Meter tief in den Wald schlagen und kamen nach einer halben Stunde mit ein paar Ästen zurück. Nach weiteren dreißig Minuten brannte ein Lagerfeuerchen, das uns zumindest die Illusionen vermittelte, daß es wärmte.

Ich versuchte, die Vorderseite meines Hemdes zu trocknen, was mir nur teilweise gelang. Die anderen holten aus ihren Umhängetaschen ein dünnes Baumwolltuch und ein kleines Handtuch, wie es die meisten Inder bei sich tragen. Einer gab mir sein Handtuch, wofür ich ihm dankbar die Hand drückte, denn mich schüttelte es vor Kälte, meine Zähne klapperten und ich fühlte mich miserabel. Die Nässe, die Kälte, die Verletzung, der Hunger – alles kam zusammen.

Bei den Papua hatte ich einmal gesehen, daß sie in der Kälte die Arme über der Brust verschränkten und ihre Hände auf die gegenüberliegende Schulter legten. So hielten sie sich die Brust warm, weil sie erkannt hatten, daß nur das Wesentliche, der Kern des Körpers, vor Kälte geschützt werden muß. Nun konnte ich wegen meiner Rippen die Arme zeitweise nicht mehr bewegen, geschweige denn kreuzen, und so plazierte ich das Tuch auf Herz und Lunge. Dies verschaffte mir spürbar Erleichterung.

Einer der Inder hatte sich neben mich gelegt. Ich lehnte an dem Felsen und fiel in einen unruhigen Dämmerschlaf. Mein Kopf ruhte dabei in einer Steinkuhle, die ich mir in der Dunkelheit mühsam ertastet hatte. Die drei übrigen Begleiter schliefen etwa vier Meter über mir, wo es kein Wasser gab und der Boden infolgedessen trocken war. Da ging der Mond auf und schien durch das Dickicht. Konnte das Geraune der Andamaner von den »größten und giftigsten Schlangen« vielleicht doch stimmen? Hatten sich die bösen Geister an uns gerächt, weil wir ihren Berg erstiegen? Der Saddle Peak heißt in der Sprache der Eingeborenen »Puluga«; das ist der Name ihres höchsten Gottes. Puluga, erinnerte ich mich, ist aber auch der Gott der Güte, der Helfer in der Not. Der Rest der Nacht konnte so schlimm wohl nicht werden.

Einen der Polizisten über mir fror dermaßen, daß er sich erneut erhob und freiwillig Feuerholz sammeln ging. Wieder mußte er in den Dschungel eindringen und diesmal weiter, denn die nähere Umgebung hatten sie beim ersten Mal bereits abgesucht. Er fand noch ein paar trockene Zweige, die das Feuerchen für weitere dreißig Minuten in Gang brachten. Dann war diese Wärmequelle wieder versiegt.

Beim Schlafen stieß ich immer wieder mit meiner schmerzenden Seite an den Felsen und so bückte ich mich Zentimeter für Zentimeter, um aus meiner Fotokiste die Schaumstoffeinlage herauszuziehen. Die klemmte ich zwischen meinen Brustkorb und den Stein, um meine Schmerzen zu lindern. Schließlich muß ich eingeschlafen sein.

Für wenige Minuten nur, denn plötzlich schreckten die Inder hoch und verlangten, daß wir aufbrechen sollten, da der Morgen bereits dämmere. Erstaunt blickte ich auf meine Uhr, die 2.30 Uhr zeigte. Das starke Mondlicht hatte meine Begleiter getäuscht. Ich konnte nicht mehr weiter im Moment, schon gar nicht im Dunkeln. So hielt ich sie bis 4 Uhr hin, und beim ersten Tageslicht krochen wir los.

Volle fünf Stunden kletterten wir über Felsen, durch Unterholz und Dornenbüsche. Vom Bachbett aus, das wir vom Aufstieg her kannten, benötigten wir noch eine Stunde bis zu einem Punkt, an dem einer der Polizisten eine deutliche Spur entdeckte. Mit Sicherheit war hier jemand gegangen und im Scherz sagte ich: »Ja, wir selbst«. Und ich hatte recht, denn das waren unsere Spuren vom Vortag. Gestern um 12 Uhr waren wir an dieser Stelle gewesen. Jetzt schaute ich auf die Uhr: 10.15 Uhr – mehr als zweiundzwanzig Stunden waren wir unterwegs gewesen. In der Zwischenzeit hatten wir nur eine Messerspitze voll Cornedbeef gegessen.

Aber meine Rippen waren noch heil damals. Jetzt hingegen konnte ich kaum atmen und die Arme nur zentimeterweise bewegen. Ich setzte mich auf einen Stein und untersuchte meinen Zustand, zog meine Hosenbeine hoch – und erstarrte. Dutzende von Blutegeln saugten mir das Blut aus den Beinen, und plötzlich spürte ich, daß sie auch an anderen Stellen meines Körpers saßen. Die Inder, das hatte ich beobachtet, waren immer wieder einmal stehengeblieben und hatten sich die Tiere abgestreift. Ich unternahm nicht einmal den Versuch; es steckten zuviele im Gestrüpp, und wenn ich stehengeblieben wäre, um einen zu entfernen, hätten mich ein Dutzend andere überfallen.

Die probaten Hausmittel wie Tabak, Salz, Petroleum oder Zitrone wirken sehr gut gegen Blutegel, wenn man in seinem Badezimmer sitzt oder sich auf einem breiten Pfad bewegt. Und wenn man diese Mittel hat. Dann kann man zum Beispiel an das Ende eines Stockes ein Stoffsäckchen hängen, das angefeuchteten Tabak enthält, und die Tiere einfach abstreifen. Aber das ist eine sinnlose Methode im Dschungel. Auch der Trick, Schuhe und Hosen mit Salz zu tränken, wirkt nicht, wenn man Bachbetten durchqueren muß, in denen das Salz vom Wasser abgewaschen wird. Und vor allem: es war mir wichtiger, heil durch den Dschungel und über die aalglatten Felsen zu kommen. Die Blutegel waren ein Problem, dem man sich später widmen konnte. Zum Beispiel jetzt.

Meine Hose war blutgetränkt. Die kleinen Egel, die sich noch nicht vollgesaugt hatten, mußte ich mit Gewalt herausziehen. Die großen Tiere beträufelte ich mit einer Zitrone, die ich in meiner Fotokiste fand. Als ich glaubte, alle Plagegeister los zu sein, zog ich die Hosenbeine wieder herunter und verließ mich auf den Arzt, der mich an Bord unseres Schiffes versorgen würde.

Es war ein wunderbares Gefühl: zurück vom Berg, befreit von den Blutegeln, das Meer rauschte, die Sonne begann heißer zu strahlen, ich gewöhnte mich langsam an die Rippenschmerzen. Unerträglich war mir lediglich der Gedanke, daß ich in diesem Moment noch zwanzig Kilometer Fußmarsch bis Diglipur vor mir hatte: zwanzigtausend Meter über Geröllhalden und durch Schlammlöcher.

Vier Stunden später erreichten wir Kalipur und bekamen gekochten Reis, Orangen, Zuckerrohr und Kokosnußmilch. Aber ich konnte meine Zeit hier nicht vertrödeln; ich mußte endlich etwas für meine Rippen tun. So drängte ich die vier Inder, die einen Reisberg nach dem anderen verschlangen, und ging voraus. Mir war auch der Appetit vergangen, da ich merkte, wie winzige Blutegel, die ich an meinen Beinen übersehen hatte, sich wieder bemerkbar machten. Aber ich war zu erschöpft, um mich noch einmal zu säubern. Bücken tat mir weh, alle würde ich doch nicht erwischen, es war mir egal.

Der Inder, der für uns aufgetischt hatte, wollte kein Geld annehmen. Er freue sich, sagte er, bedeutende Gäste zu haben. So gab ich die zwei zehn-Rupien-Scheine seinem kleinen Sohn, aus dessen Händen die Banknoten sehr schnell verschwanden . . .

Wir marschierten los, und nach etwa einer halben Stunde passierte etwas, das an unfreiwilliger Komik nichts zu wünschen übrig ließ.

Ein gut gekleideter junger Mann lief aus einem Gebäude, machte eine Verbeugung und bat mich, seiner Schule einen Besuch abzustatten, die Kinder warteten seit gestern. Ich versuchte, dem Mann meinen Zustand zu erklären, meine gesundheitliche Verfassung, das, was wir hinter uns hatten. Ich sagte ihm, daß zwei Polizisten in die Schule kommen würden, um die Kinder zu besuchen. Und dann ging ich einfach weiter. Nach fünfhundert Metern hörte ich, wie mich sechs indische Buben und Mädchen verfolgten, und so blieb ich stehen. Inständig baten sie mich, nicht an ihrer Schule vorbeizugehen, denn sie hätten sich auf mein Kommen vorbereitet. Die Enttäuschung wäre zu groß für sie.

Jetzt erst begriff ich: Sie hielten mich für König Leopold von Belgien!

Ich ging mit den Kindern zurück und überlegte, wie ich mich aus dieser Verwechslungskomödie zurückziehen konnte. Königsrolle spielen oder die Kinder enttäuschen? Der König hätte, so sagte er mir später, Verständnis aufgebracht, wenn die Erwartung der Schüler erfüllt worden wäre. Aber konnte ich wirklich einen Monarchen spielen? Auf dem Kopf trug ich ein an allen vier Ecken geknotetes Taschentuch. Mein Hemd war von oben bis unten zerrissen. Das Blut kam durch meinen Hosenstoff. Die Arme konnte ich kaum bewegen. Ich schnaufte wie ein uralter Mann. Ich war verschwitzt, dreckig und unrasiert. Sieht so ein König aus fernem Lande aus?

Drei Lehrer warteten mit Tee auf mich, und die Kinder wollten gerade ein seit Stunden eingeübtes Lied anstimmen, als ich ihnen die Wahrheit sagte. Aber um sie nicht traurig zurückzulassen, schlug ich ihnen vor, am Nachmittag zum Schiff zu kommen. Der König würde sie dort sicher empfangen – der echte.

So humpelte ich weiter, meine Schritte wurden immer kürzer, und der Sand und die kleinen Steine in den Schuhen brannten auf meinen Fußsohlen.

Warum hatte ich mir eingebildet, auf den Saddle Peak zu müssen? Der niedrigste Berg meines Lebens war der schwerste geworden. So gelitten hatte ich nie zuvor. Aber alles war meine Schuld. Ich hätte wissen müssen, daß die Geschichten, die meine Führer erzählten, nicht stimmten. Und ich hatte das Gelände unterschätzt. Denn auch im Dschungel gibt es Felsen, wie ich schon früher gesehen hatte; also hätte ich genagelte Schuhe tragen müssen. Mit diesen wäre ich nie in die Felsschlucht gefallen. Aber warum auf den Saddle Peak? In diesem Fall hatte es mich gereizt, von oben über die zweihundertfünf Inseln der Andamanen zu blicken und Fotos zu machen.

Es dauerte noch Stunden bis ich am Horizont – einer Fata Morgana gleich – das Schiff liegen sah. Von Bord aus hatten sie auch mich erkannt, Bhakhtawar Singh und ein indischer Arzt liefen mir entgegen und fragten erregt, wo ich die ganze Zeit über gewesen sei, schließlich habe man mich ja bereits einen Tag früher zurückerwartet. Bhakhtawar Singh teilte mir dann noch mit, daß ich einen neuen Rekord aufgestellt hätte, denn bisher habe man für die Besteigung des Saddle Peak sechs bis sieben Tage einplanen müssen. Jetzt mußte der Forstbeamte Sinha, der vorher so mit seiner Ortskenntnis geprahlt hatte, eingestehen, daß er »nur ein Stück oben« gewesen sei.

Es war Zeit, meine vier »Führer« zu entlassen. Jeder bekam umgerechnet sieben Mark überreicht und dann nahmen sie mich beiseite; ich solle sie überall loben, dann bekämen sie eine Auszeichnung. Das tat ich; schließlich war ich oben gewesen und stand jetzt wieder an Bord unseres Schiffes.

Die erste Nacht im Bett war unangenehm. Ich zog mich im Gang zur Dusche aus, um keine Blutegel in die Kabine einzuschleppen, wusch meinen Körper mit einem Desinfektionsmittel ab und legte mich reglos auf den Rücken. Der Arzt hatte starke Drüsenschwellungen in den Achselhöhlen und in der Schenkelbeuge festgesellt und mit Antibiotika behandelt. Für die Rippen verschrieb er mir schmerzstillende Pillen.

Ich selbst schätzte etwa fünfzig Blutegelbisse. Zurück in Port Blair, machte sich ein Freund die Mühe, genau nachzuzählen. Er kam auf einhundertacht Wunden.

Am Nachmittag des nächsten Tages ging ich mit den übrigen Expeditionsteilnehmern ins Handicraft Center, wo einige Gegenstände der Jarawa ausgestellt waren. Das interessierte uns, weil wir in ein paar Tagen noch einmal zu ihnen fahren wollten. Zu sehen war unter anderem ein Brustpanzer aus Baumrinde, der angeblich die Kugeln der alten englischen Gewehre abwehren konnte. Sicher machten ihm Pfeile nichts aus. Der Panzer paßt sich dem Körper an wie nach Maß gemacht und ist mit Faserschnüren verstärkt.

Seit vier Uhr morgens konnte ich nicht mehr schlafen. Die

Schmerzen waren zu stark geworden, und als ich die verletzte Seite mit den Fingern leicht abtastete, hörte ich deutlich, wie sich die Bruchstellen der Rippen aneinander rieben. Da wußte ich, es würde rund fünf Wochen dauern, bis Niesen, Lachen und Husten wieder erträglich würden, bis ich mich wieder ohne Beschwerden bücken und so atmen konnte wie vor dem Unfall.

Der zweite Besuch bei den Jarawa

Wir hatten bisher Glück. Die Jarawa waren bei unserem ersten Besuch zutraulich und wir hatten sie sogar in ihrer Gemeinschaftshütte besucht. Jetzt wollten wir noch einmal zu ihnen.

Aber diese friedvollen Exkursionen hätten auch anders ausgehen können. Erst jetzt, kurz vor dem Auslaufen, erzählte die Frau des Chief Commissioners eine Geschichte, die die Jarawa ganz anders zeigte, nämlich als Leute, die heute noch tödliche Pfeile abschießen. Von Zeit zu Zeit bricht eine Wildheit durch, die die Regierung überlegen läßt, ob der Kontakt mit diesen Menschen nicht doch noch zu lebensgefährlich sei. Eine gute Portion dieser Gefahr sollten wir in ein paar Stunden zu spüren bekommen.

Beim Chief Commissioner lebte ein bengalisches Waisenkind, dessen Eltern vor einigen Jahren als Siedler auf die Andamanen gekommen waren. Sie baten die Regierung um ein Stück Land, das ihnen besonders gut gefiel, und schlugen die Warnung, daß es unmittelbar an den Dschungel grenze, in dem Jarawa lebten, in den Wind.

Eines Tages hörte der Mann an seiner Hütte Geräusche und trat vor die Tür. Da traf ihn ein Pfeil. Sterbend brach der Bengali zusammen. Seine Frau wollte zu Hilfe eilen, lief aus dem Haus und wurde ebenfalls mit einem einzigen Bogenschuß getötet. Das Baby der beiden verschonten die Jarawa. Polizisten brachten es nach Port Blair.

Der Forstmeister Sinha behauptete uns gegenüber, »nur alle paar Jahre« würde es »mal einen Toten« geben. Ich hatte vorher schon ganz andere Geschichten gehört, zum Beispiel, daß beim Bau der großen Nord-Süd-Straße jährlich fünfzehn bis zwanzig Menschen von den Jarawa erschossen worden seien. Wem sollten wir glauben? Den indischen Beamten, den Gerüchten oder unseren eigenen Augen, mit denen wir die Jarawa als freundliche, fröhliche Menschen erlebt hatten, die ein Mädchen vorschickten, um Kontakt mit uns aufzunehmen?

Als wir an der Stelle ankerten, wo wir die Jarawa beim ersten Mal an Bord begrüßen konnten, sahen wir sie am Strand. Sie schrien, gestikulierten und freuten sich ganz offensichtlich über unser Erscheinen. Als wir das Ruderboot zu Wasser ließen, schwammen uns elf von ihnen entgegen. Ein unvergeßliches Bild: die muskulösen Kerle, die ihre pechschwarzen Arme durch das leuchtend blaue Wasser zogen. Bei jedem Schlag der Beine tauchten die weißen Fußsohlen wie Blinklichter auf. Bei jeder Körperstreckung spuckten sie einen Mund voll Meerwasser aus. Die Blütenketten einiger Jarawa glitten hinter ihnen durch die Wellen, die sie selbst verursachten.

Die elf Jarawa wurden von Bhakhtawar Singh und zwei weiteren Indern an Bord gezogen, und sofort begannen sie, ihr »Gid-Dig-Gid-Dig« anzustimmen. Es waren alte Bekannte: der Bulle von Mann, der sich auf einen Sack mit Kokosnüssen gestellt hatte; das Mädchen vom Mastbaum, der jüngere Krieger, der böse mit den Augen gedroht hatte, als er als letzter von Bord sollte. Nur einen älteren Mann hatten wir noch nicht gesehen. Wir beobachteten ihn mit besonderem Interesse, denn an seinem Kinn sahen wir zum ersten Mal die Spuren eines Bartes – äußerst ungewöhnlich bei einem Negrito.

Jedem steckten wir zur Begrüßung eine reife geschälte Banane in den Mund. Das Durcheinander war nicht ganz so groß wie beim ersten Mal, da die Jarawa uns jetzt schon kannten und wir aus den Fehlern gelernt hatten: Alle Gegenstände waren weggepackt, wir wußten, wie man sie beim Fotografieren ablenkt und außerdem gab es da ja noch immer das Tonband, für das sie jede Tätigkeit unterbrachen.

Ich beobachtete, wie die Männer bereits auf dem Schiff die Geschenke aufteilten: einen Sack, einen Korb und eine Kiste voller Früchte. Zwei Männer und ihre Frauen schleppten sie zu dem Ruderboot, das längsseits lag. Die anderen hatten Forstmeister Sinha bei den Schultern gepackt, sangen und tanzten, indem sie hochsprangen und mit den Füßen auf dem Deck herumstampften.

Ich saß diesmal im ersten Boot und erkannte sechs Frauen am Ufer, dazu einige Kinder, die wohl noch nicht schwimmen konnten. Aber auch sie würden es bald lernen, denn dafür sind sie enorm begabt. Die Jarawa legen große Strecken schwimmend zurück und überqueren oft die Wasserstraßen zwischen den einzelnen Inseln. Aber sie benützen auch große Palmenblätter als Rettungsringe, die sie beim Schwimmen vor ihre Brust legen. Ich filmte einen kleinen Jungen, der bis zu den Knien im Wasser stand und sehnsüchtig den elf Stammesgenossen an Bord nachblickte.

Die Jarawa-Frauen drehten sich bei unserer Ankunft um und gingen zur Gemeinschaftshütte, die fünfzig Meter entfernt stand. Da die Jarawa einen besonders schönen, schwingenden Gang haben, blieb ich stehen und blickte ihnen nach. Die Frauen gebrauchten ihre Arme sehr stark und gingen nach vorn gebeugt. Leider konnte ich nie beobachten, ob sie sich im Dschungel anders bewegen. Mir fielen die merkwürdigen Fußabdrücke im Sand auf – die Frauen, denen ich nachschaute, liefen praktisch nur auf den Zehenballen.

Die sechs Frauen verschwanden in der Hütte, und König Leopold, der ihnen gefolgt war, berichtet, daß sie sich im Inneren nicht fotografieren ließen. Jedesmal, wenn er die Kamera erhoben habe, seien sie entsetzt zurückgewichen. Also versuchten wir es mit einem kleinen Geschenk, das eine Frau auch gern annahm.

Aber sobald wir eine Kamera ans Auge hielten, war sie verschwunden.

Es war nicht so sehr die Kamera, die sie fürchteten, sondern das Blitzlicht. Der Regierungsfotograf, der bei den ersten beiden Kontaktaufnahmen Bhakhtawar Singhs dabei war, hatte die Jarawa in den Hütten geblitzt und sie wohl erschreckt. Von uns hatte niemand Kunstlicht verwendet, aber wir merkten dennoch, daß sie davor Angst hatten.

Ich hatte noch eine andere Theorie, da ich Ähnlichem bei anderen Völkern begegnet war. In Tibet zum Beispiel pflegte man das Bild des Feindes unter den Fuß in einen Schuh zu legen. Man trampelte sozusagen auf dem Gegner herum und schadete ihm. Bhakhtawar Singh hatte den Jarawa beim letzten Besuch vor unserer Ankunft Bilder gezeigt, auf denen die Jarawa sich selbst erkennen konnten. Auch das, so glaube ich, hatte sie außer Fassung gebracht. Verwunderlich war nur, daß sie bei unserem vorigen Besuch keinerlei Schwierigkeiten gemacht hatten. Warum jetzt? Was war passiert in der Zwischenzeit?

Immerhin hatte ich in der Gemeinschaftshütte bemerkt, daß sie diesmal nicht schmutzig oder verwahrlost war. Offenbar lebten die Jarawa jetzt in ihr, während sie damals ausgezogen waren. Sämtliche Familien-Feuerstellen glimmten, der Gemeinschaftsherd in der Mitte war mit grünen Blättern bedeckt und rauchte. Im schwachen Schein der Flämmchen bemerkte ich einen senkrechten Balken, der vom Dach herabhing und 1,60 Meter über dem Boden endete. Er kam aus dem First und trug die Querstreben, die als Speicher oder Tenne oder erster Stock gedacht waren. An ihnen hingen die zusammengebundenen Wildschweinschädel, die Bögen und Pfeile. An den Wänden standen die Wasserbehälter. Vor der Hütte sammelten sich bergeweise Muscheln und Knochen.

Wir gingen zum Ruderboot zurück, als uns die Frauen nachgelaufen kamen. Bei dieser schnellen Bewegung traten ihre fetten

Steiße und auch die gewölbten Bäuche wie Halbkugeln hervor. Bäuche, die seit frühester Kindheit mit stopfenden Nahrungsmitteln angefüllt wurden. Vergleicht man verschiedene Altersstufen, so kann man das Anschwellen des Bauches verfolgen. Vor allem die Frauen leiden darunter, während die Buben und Männer ihre Bauchansätze bei der körperlichen Arbeit verlieren.

Wie waren die Reisenden früherer Jahrhunderte eigentlich darauf gekommen, von »Riesenfüßen, -ohren und -händen« zu berichten? Die Jarawa, die hier am Strand standen, konnten als wohlproportioniert gelten. Die jüngeren Frauen waren auch für unser ästhetisches Verständnis gut gebaut und hübsch anzuschauen.

Bemerkenswert ist, daß wir nie eine Ausdünstung feststellen konnten. Kein Schweißgeruch, kein unangenehmer Gestank. Wir bemerkten lediglich das Aroma ihrer Bemalungen; es roch nach Eisenoxyd und Schweinefett, auch wenn die Körper-Ornamente nur in Spuren zu sehen waren. Kamen die Jarawa gerade vom Essen, so war an ihrem Atem eine Fisch- oder Schildkröten-Mahlzeit zu erkennen. Aber das ist ja bei uns nicht anders.

Ein Wort noch über das Pfefferkorn-Haar der Jarawa. Es ist nur wenige Millimeter lang und scheint nicht auszufallen. Kahlköpfige Jarawa jedenfalls habe ich nicht gesehen. Die Frauen und Männer schneiden sich die Haare von Zeit zu Zeit und lassen nur zwei parallele Bürsten stehen. Die Behaarung ist bei beiden Geschlechtern gleich.

Da standen wir nun am Strand, an dem inzwischen eine zweite Gruppe von Expeditionsteilnehmern und Jarawa gelandet war. Letztere luden ihre Geschenke aus, die aufgeteilt und von einigen zur Hütte geschleppt wurden. Ein Mann übergab die Last seiner Frau, die wegrannte, als fürchte sie, wir wollten ihr die Geschenke wegnehmen.

Eine andere Frau muß ihrem vom Schiff zurückgekehrten Mann wohl von unseren Versuchen, in der Hütte zu fotografieren, berichtet haben. Wütend schrie er in der Gegend umher und wandte sich drohend gegen uns. Uns war nicht klar, ob er nur seiner Frau imponieren oder uns beeindrucken wollte.

Tobend kam er auf uns zu und fing an, erneut unsere Taschen zu durchwühlen. Dann hob er einige schwere dreieckige Muscheln auf und begann, sie nach uns zu werfen. Einer versuchte, den Mann zu filmen, was ihn noch mehr in Rage brachte. Er sprang auf uns zu und wollte mein Teleobjektiv aus der Fotokiste zerren. Ich konnte ihn gerade noch ablenken und die Kiste zuschließen, als er nach der Kamera griff, die ich in den Händen hielt. Der Chief Commissioner umfaßte mühsam beide Hände des Jarawa, was diesen noch mehr ärgerte.

Das war schon jetzt kein Spiel mehr und wir mußten erkennen, daß die Lage brenzlig geworden war. Die Geschichte des Doppelmordes an dem Bengali-Ehepaar kam mir in den Sinn, und mir wurde klar, daß einige Jarawa im Dschungel auf Lauer liegen konnten, um im Bedarfsfalle ihre Pfeile auf uns abzuschießen. Da fiel mir mein Kamm ein. Ich öffnete die Fotokiste, zog ihn heraus und sofort stürzt sich der wütende Jarawa auf diesen neuen Gegenstand, den noch keiner von ihnen gesehen hatte. Er wollte weggehen, besann sich aber noch einmal, drehte sich blitzschnell um und riß mir meinen Strohhut, den mir die Jarawa auf dem Boot gelassen hatten, vom Kopf, setzte ihn auf und marschierte am Strand herum. Dann lieferte er seine Beutestücke bei der Frau ab und kehrte zurück.

Eine unangenehme Szene folgt auf die andere. Bhakhtawar Singh, der erfahrenste im Umgang mit den Jarawa, beschwor uns, ja nur alles herzugeben und den Mann, der mittlerweile den Eindruck eines Amokläufers erweckte, an nichts zu hindern. So verlor Forstmeister Sinha sein Hemd, ein anderer Inder den Gürtel, den der Jarawa sofort umzuschnallen versuchte, was ihm nicht gelang, und ihn noch wütender machte. Wir liefen zu ihm und legen ihm den viel zu weiten Gürtel zweimal um den Leib.

Es hätte der Beschwörung Bhakhtawar Singhs gar nicht bedurft; niemals hätten wir uns auf irgendeinen Streit mit ihnen eingelassen, denn ihre Reaktion wäre von uns nicht zu kontrollieren gewesen. Noch waren wir erst die fünfte Gruppe, die an ihren Strand gekommen war. Alle anderen Zusammentreffen mit Fremden waren kriegerisch verlaufen, sieht man von den paar Strafgefangenen ab, die vor 1948 Zuflucht bei ihnen gefunden hatten.

So ließen wir den Mann gewähren. Als die anderen sahen, daß er mit seiner Unfreundlichkeit durchkam, wechselten auch sie ihre Taktik: Erneut fielen sie über uns her, nahmen alles weg, was sie bisher nicht interessiert hatte, und zwangen uns so, den Besuch abzubrechen.

Da kam der Mann, der von seiner Frau aufgestachelt worden war, erneut auf mich zu und wollte mir meine Brille von der Nase reißen. Das wäre ein schmerzlicher Verlust für mich gewesen und so nahm ich sie freiwillig ab, behielt sie aber in der Hand und ließ ihn von beiden Seiten durchschauen. Natürlich sah er nichts und wollte sie mir deshalb lassen, da bemerkte er die Kette, an der die Brille um meinen Hals hing. Er riß an ihr und ließ erst ab, als ich aus der Gesäßtasche meiner Hose eine kleine Schere zog. Er nahm sie, stutzte und fuhr mit seiner Hand in diese Tasche, die keiner von ihnen bisher gesehen hatte. Daraufhin begannen die Jarawa, auch diese Taschen zu durchwühlen.

Der Wilde schrie uns an. Er gestikulierte, sprang herum und steigerte sich in eine sinnlose Wut. Bhakhtawar Singh, der ihre Sprache ein wenig beherrscht, übersetzte: »Wir wollen Eure Geschenke, aber nicht fotografiert werden.« Aber wir hatten längst die Fotoausrüstungen verschwinden lassen und hofften, daß sich der Aufruhr legte.

Bhakhtawar Singh erinnerte uns an die Leidenschaft der Jarawa, irgendwelche Spiele zu organisieren, die mit Kraft zu tun haben. So hoben wir uns gegenseitig vom Boden ab, und der Chief

Commissioner zeigte den Eingeborenen, daß er sogar den dicken Forstmeister Sinha stemmen konnte. Das versuchte sofort auch der Amokläufer, schaffte es aber nicht. Staunend drehte er sich um und konnte nicht verstehen, daß er nicht so stark war wie der ältere Fremde. Da entdeckte der Jarawa wieder meine Brillenkette, schrie seiner Frau etwas zu und ging auf mich los. Schnell nahm ich die Kette ab und steckte sie in meine Gesäßtasche. Jeder meiner Bewegungen folgte der Bursche mit seinen Augen. Triumphierend holte er die Kette aus meiner Hose und überreichte sie seiner Frau. Dann nahm er sich die Mütze von meinem Kopf, die mir König Leopold mit der Bemerkung überreicht hatte (nachdem der Wilde meinen Strohhut entrissen hatte), er habe mehr Haare als ich, also benötigte ich den Hut dringender.

Mit den anderen sprang der erboste Jarawa genauso um. Wir erkannten, daß es keinen Sinn mehr hatte, länger an Land zu bleiben. Die Situation konnte nur noch gefährlicher werden. Also stiegen die ersten in das Ruderboot, in das auch vier Eingeborene, darunter der Amokläufer, kletterten. Mit der zweiten Fuhre kam ich zurück und fand an Bord noch neun Jarawa, unter ihnen jetzt auch die Frau des Wildgewordenen.

Bhakhtawar Singh wußte, daß es jetzt noch Stunden dauern würde – wahrscheinlich bis Sonnenuntergang –, bis die Jarawa von Bord gingen, und das teilte er uns auch mit. So beschlossen wir, mit ihnen eine Rundfahrt zu machen, die sie jedoch überhaupt nicht beeindruckte. Eine Stunde lang fuhren wir an der Küste entlang, während die neun Eingeborenen jetzt bereits Dinge an sich nahmen, die zur Ausrüstung des Schiffes gehörten. Aus einer Holztonne, die auf dem Oberdeck stand, fischten sie Holzkeile, Seil-Enden und Werkzeug, untersuchten es, konnten nichts damit anfangen und warfen alles ins Meer. In einer Hosentasche des Kapitäns entdeckten sie ein Notizbuch – hopp, ins Wasser damit (wo schon sein Ehering lag). Zigaretten? Nutzloses Zeug, das ebenfalls bald auf den Wellen schwamm.

Der Wildgewordene saß mittlerweile auf einer Wassertonne und machte Toilette. Er steckte in einem Brustpanzer, wie ich ihn schon in der Ausstellung des Handicraft Centers gesehen hatte. Er war so eng, daß ich glaube, er diente nicht nur zum Schutz gegen Pfeile, sondern auch als Korsett. Die Frauen mit ihrem großen Steiß und den gequollenen Bäuchen hätten ihn besser gebrauchen können, aber soweit wir gesehen haben, trugen ihn nur Männer.

Der Mann steckte also in seinem Panzer und nähte ihn mit langen dünnen Bastfasern zu. Wahrscheinlich hatten wir ihn mit unserer Ankunft bei der Fertigstellung überrascht, und das holte er jetzt nach. Es war ein malerisches Bild, das ich leider nicht fotografieren konnte, weil wir unsere Kameras nicht auszupakken wagten: Bei jedem Stich fuhr er mit einem langen Messer waagrecht durch den Panzer, so daß es aussah, als ramme er es sich in die Brust. Er ließ das Messer stecken und fädelte an der Klinge vorbei die Bastfaser ein. Vorher hatte er den Panzer um 180 Grad gedreht, denn die Naht gehört auf den Rücken. Als er unten angekommen war, schnitt er die abstehenden Enden ab, streckte seine Glieder und legte sich flach auf den Rücken. Dann drehte er den hauteng sitzenden Panzer mit viel Mühe wieder zurück und rief einen zweiten Jarawa zu Hilfe. Der stieg auf den Panzer, knetete ihn mit seinen Füßen weich und bog gleichzeitig den Brustkorb schön heraus.

Diese Prozedur dauerte fünf Minuten, dann drehte sich der Gepanzerte auf den Bauch, und der Helfer trampelte auf seinem Rücken herum. Die Frau saß währenddessen auf einem Deckstuhl und pflegte eine alte Wunde, das heißt, sie drückte mit ihren Fingern Blut und Eiter aus Beinverletzungen und wischte diese ekelerregende Soße an unserer Kleidung ab. Dabei kicherte sie laut – die Stimmen der Jarawa-Frauen sind sehr schrill – und machte sich einen Spaß daraus, als sie unseren Abscheu sah.

Ich hatte das Pech, neben ihr zu sitzen, und bekam einiges ab.

Nebenbei öffnete sie mir das Hemd und studierte die Behaarung und meine Brustwarzen. Oben am Mast hing ein Jugendlicher und sang ein Lied, das wir bisher nicht gehört hatten. Ein anderer klebte wie eine Galionsfigur am Bug des Schiffes. Ganz allmählich kehrte der Frieden zurück, die Jarawa beruhigten sich.

Spielerisch gingen sie jetzt aufeinander los. Sie neckten sich mit Worten und mir schien, als wiederholten sie immer dieselben Silben. Bhakhtawar Singh übersetzte mühsam, und wir erahnten die vermutlichen Schimpfworte dieser Steinzeitmenschen: »Du Idiot!«, sagten sie. Und: »Du Langnase«, »Du Haut und Knochen«. Das war mehr, als ich bisher wußte. Mein Wortschatz des »Jarawaischen« erstreckte sich auf TOLE ONGE (ein Korb mit weitem Geflecht), TOLE LAYA (einer mit engem Geflecht), BONE (das Harz) und TOINAGO (die Axt).

Interessant war ihre Art zu zählen. Die Ziffern 1 und 2 trugen Namen, dann ging es weiter mit mehrere, viele, sehr viele und zahllose. Von 1 bis 10 benutzten sie die Finger (dies scheinen sie von den Indern gelernt zu haben), ab 11 zeigten sie auf die Haare.

Zurück an unserem alten Ankerplatz, machte nicht einer der Jarawa Anstalten, das Schiff zu verlassen. Erneut fuhren wir ins offene Meer hinaus, aber mir erschien dies nicht die richtige Methode. Ich schlug vor, still liegenzubleiben und die Jarawa angesichts ihrer Hütte und der anderen Clan-Mitglieder am Strand müde werden zu lassen. Und wirklich: Ohne jede Gewaltanwendung gelang es uns, einen Jarawa nach dem anderen in das Ruderboot zu setzen und an Land zu bringen. Dort mußte Bhakhtawar Singh jeden noch einmal hochheben.

Wer schenkt, führt etwas im Schilde

Wodurch hatten wir diesen Zwischenfall hervorgerufen? Plötzlich war dieser Jarawa wild geworden, hatte durchgedreht und schien zu Schlimmerem fähig zu sein. Waren es wirklich nur die gefürchteten Blitzlichter gewesen oder die Angst, wir könnten ihre Bilder behexen?

Der Mann bewies, daß es auch bei Völkern auf dieser Entwicklungsstufe Menschen mit verschiedenen Charakteren gibt. Nur er gebärdete sich so aggressiv, schüchtern waren andere seinem Beispiel gefolgt. Es wäre falsch, einen ganzen Stamm nach dem Verhalten dieses einen Mannes zu beurteilen, der vielleicht nur seiner Frau imponieren wollte. Sicher war es auch eine Reaktion auf die Fehler, die andere bisher im Umgang mit diesen Eingeborenen gemacht hatten.

Ich habe es seit jeher für falsch gehalten, Geschenke ohne Gegenleistung zu überreichen. Eingeborene werden nicht freundlicher oder zugänglicher, wenn man ihnen etwas mitbringt. Im Gegenteil: Je wertvoller die Dinge sind, die man ihnen überreicht, desto wachsamer werden sie. Sie müssen annehmen, wir hätten Angst vor ihnen und wollten sie besänftigen oder wir führten etwas im Schilde und wollten sie nur ablenken.

Hinzu kommt, daß Geschenke grundsätzlich an Wert verlieren, wenn sie zur Selbstverständlichkeit werden. Mußte nicht dieser wildgewordene Jarawa annehmen, er könne sich holen, was er wolle? Wird er nicht in Zukunft jedem, der an seine Küste kommt, alles vom Leibe reißen? Schon bei unserem letzten

Besuch traten uns die Jarawa fordernd entgegen. Sie warteten nicht auf das, was wir ihnen vielleicht mitbringen würden.

Deshalb war es doppelt falsch, ihnen eine Axt und einen Spaten zu überreichen, wie dies geschehen war. Will man die Jarawa zu Landarbeitern machen? Sollen sie eines Tages Kokosnüsse ernten und nicht mehr wissen, wie man ein Wildschwein jagt? Und anderen Menschen untergeben sein wie die Onge, die früher nicht einmal ein Wort für Anführer oder Häuptling kannten und jetzt auf den Aufseher Patrick Lobo hören müssen, der für sie verantwortlich ist, und nicht mehr sie für sich selbst?

Ich wünschte, die Jarawa würden nie erfahren, wozu Axt und Spaten dienen, sondern diese Metallgegenstände zerkleinern und zu Pfeilspitzen verarbeiten. Nur dann bliebe ihnen der Teufelskreis noch lange erspart, für Bedürfnisse arbeiten zu müssen, die sie bis dahin überhaupt noch nicht kannten.

Noch waren sie echt und unverdorben, gefährlich vielleicht, aber unverfälscht. Was wäre wohl geschehen, wenn es einer von uns gewagt hätte, einen Wildschweinschädel im Gemeinschaftshaus aufzuheben? Wir wissen nichts über die Jarawa, und ihre ethischen Normen müssen wir aus dem Vergleich mit den Onge erahnen. Immerhin kennen die Jarawa die Fremden – durch Strafexpeditionen, Ansiedlungen, Raubzüge in die Stadt Port Blair – seit hundert Jahren. Aber alle Jarawa, die bisher mit unserer Zivilisation Bekanntschaft machten, folgten einem unwiderstehlichen Drang zurück in den Dschungel.

Es gibt eine bemerkenswerte Parallele zwischen dem Kampf um Troja und dem Versuch, die Ureinwohner dieser Erde am Leben zu erhalten. Als die Griechen vor den Toren der kleinasiatischen Stadt mit ihrem hölzernen Pferd erschienen, warnten einige Trojer. »Paßt auf, die Griechen kommen mit Geschenken!«, sagten sie. Und was die Eroberer nicht mit Gewalt erreichten, schafften sie mit Geschenken. Im Trojanischen Pferd steckten Soldaten, Troja fiel. Die Jarawa erhielten Axt und Spaten . . .

Vor Nord-Sentinel gestrandet

Wir waren von den Jarawa einmal in Freundschaft, einmal in einer gespannten Atmosphäre geschieden. Wir hatten die Groß-Andamaner auf ihrer Insel Strait und in Port Blair gesehen. Mit den Onge auf Klein-Andaman lebten wir praktisch Hütte an Hütte. Aber da gab es noch jene geheimnisvollen, unbekannten, noch nicht erforschten und bisher nur aus der Ferne gesichteten Sentinelesen auf der kleinen Insel Nord-Sentinel. Der indische Anthropologe T. N. Pandit, Direktor des Museums in Port Blair, schätzt ihre Zahl auf »hundert, vielleicht mehr«. Niemand weiß das mit Sicherheit. Nord-Sentinel ist bisher nicht zur Besiedlung freigegeben und mit rund siebenunddreißig Quadratkilometern weniger als halb so groß wie Sylt. Die Insel liegt im südlichen Drittel der Andamanen-Kette und ist ihr westlichster Ausläufer. Sie ragt bis etwa hundert Meter aus dem Meer und hat die Form einer nach links schiefliegenden Raute. Noch nie hat ein Fremder seinen Fuß auf Nord-Sentinel gesetzt. Die Insel wurde zwar aus der Ferne vermessen und findet sich in allen Seekarten und Atlanten. Aber sie ist einer der letzten weißen Flecken auf unserer Erde. Man weiß zwar, daß dort Negritos leben, aber das Wie und Woher ist unbekannt.

Wir drängten nicht auf einen Ausflug; die Inder wußten, daß wir die Sentinelesen gern sehen würden, wir konnten aber nicht ahnen, daß auch die Inder der Gedanke reizte, durch und mit uns auf diese geheimnisvolle Insel zu kommen oder sie zumindest aus nächster Nähe zu sehen. König Leopold war bereit, auf

Nord-Sentinel zu verzichten, wenn die Inder dafür auch anderen den Besuch verwehren würden. Es ging dem belgischen Monarchen in erster Linie darum, die Sentinelesen jetzt und auch in Zukunft vor fremden Einflüssen geschützt zu wissen. Aber Chief Commissioner Shri Harmander Singh hatte die Exkursion bereits geplant und bestand darauf, uns nach Nord-Sentinel zu bringen. Zusätzlich versprach er, in Zukunft keine Besuche mehr zu genehmigen.

So näherten wir uns der Insel von Osten, monoton tuckerte unsere »Tarmugli« und da lag die Küste vor uns: weißer Strand soweit das Auge reichte, hie und da unterbrochen von einzelnen Felsen und dahinter der dichte Hibiskus-, Pandanus- und Mangroven-Vorhang. Zwischen uns und dem Strand bemerkten wir einen weißen Gischt-Streifen im Wasser: ein Riff. Es verlief parallel zur Küste und schien ein im Aufbau begriffenes Atoll zu sein. Die Korallen finden hier ideale Bedingungen vor, um ihre kunstvollen Unterwasserbauten zu errichten: Brandung, eine Temperatur von fünfundzwanzig Grad und geringe Meerestiefe.

Es war früher Morgen; wir lagen mit der »Tarmugli« genau im Süden von Nord-Sentinel und erlebten den Sonnenaufgang. Eine schmale Wasserstraße wurde sichtbar; sie trennt die Hauptinsel und ein winziges Eiland, das »Constance« heißt, und auf dem früher Sentinelesen bei der Jagd beobachtet wurden. »Constance« schien nicht bewohnt zu sein.

Das Frühstück an Bord wurde zu einer hastigen Angelegenheit, da keiner von uns viel essen konnte. Jeder war damit beschäftigt, mit den Augen und in Gedanken sich auszumalen, was in den nächsten Stunden geschehen würde. Dann ließ man das Rettungsboot ins Wasser, wir stiegen hinein und fuhren langsam und zögernd auf das Land zu.

Mit uns im Boot saß ein Soldat in Zivil, der mit einem Schild und einer Maschinenpistole ausgerüstet war. Fünf weitere Soldaten mit Schilden aber ohne Feuerwaffen waren an Bord geblieben.

Diese Vorsichtsmaßnahme mag etwas übertrieben erscheinen und ich nahm sie mit Befremden zur Kenntnis; aber dann erzählte uns Bhakhtawar Singh folgende Geschichte:

Er war vor einigen Monaten mit einem indischen Kameramann auf Nord-Sentinel zugerudert und hatte sich dem Strand bis auf dreißig Meter genähert, als ein Sentinelese erschien, seinen Bogen spannte und mit seinem Pfeil, der eine Metallspitze trug, einen Bootsinsassen am Arm verletzte. Dreißig Meter Abstand, das wußte man von den Jarawa und Onge, bedeuten für die Andamaner einen sicheren Schuß. Bhakhtawar Singh hatte damals Glück gehabt; der Pfeil hätte auch tödlich sein können.

Die Sentinelesen waren beim ersten Annäherungsversuch in militärischer Formation angetreten: ein Mann an der Spitze, zwei dahinter, vier als Nachhut. Gestaffelt in Keilform, hatten sie ihre Bögen auf die Fremden gerichtet, aber es blieb bei dem einen Pfeil. Dann, so erzählte Bhakhtawar Singh, sei eine Frau aus dem Dschungel getreten und habe auf die Männer eingeredet, worauf sie verschwunden seien.

Wir fuhren langsam die Küste entlang und kamen zur Ostecke der Insel. Hier stand bei Bhakhtawar Singhs erstem Besuch noch eine Hütte. Jetzt war sie nicht mehr zu sehen. Noch waren wir etwa sechzig Meter vom Strand entfernt, also jenseits der sicheren Pfeilentfernung. Das Wasser war türkisblau bis jadegrün, klar bis zum Grund und so seicht, daß wir vielleicht gerade noch hätten stehen können. Nichts hatte sich bisher gerührt, keine lebende Seele zeigte sich im Dschungel oder am Strand. So wendeten wir und fuhren zurück in Richtung Westen. Da – plötzlich erkannten wir durch unsere Ferngläser frische Spuren im Sand. Sie verliefen im rechten Winkel zum Wasser und führten vom Dschungel an den Strand und zurück. Dann wurde das schräge Dach einer offenbar verlassenen Hütte sichtbar. Sie stand halb am Strand, halb im Wald.

Hundert Meter weiter tauchte eine frische Laubhütte auf, die so geschickt in den Dschungel gebaut war, daß man ihr bis auf den Boden reichendes Dach nur sehen konnte, wenn man direkt davor stand oder schwamm, wie wir. Ein riesiger, wohl vom Monsun gefällter Baumstamm lag quer davor an der Grenze zwischen Strand und Dschungel. Die Hütte war klug angelegt: offen zur See hin, geschützt vom Wald. Sie stand im halbhohen Gebüsch, etwas entfernt von den Bäumen, so daß im Sturm abgeknickte Äste das Dach nicht zerstören konnten.

Wir tuckern in etwa fünfundsiebzig Meter Entfernung an dieser Laubhütte vorbei und waren uns sicher: sie war bewohnt, irgendwann in den nächsten Minuten würde ein Bewohner uns bemerken und dann ... Genau in diesem Augenblick blieb das Boot auf einer Korallenbank stecken. Wir befanden uns zwischen Riff und Küste und hingen in einer Lagune fest, in der wir hätten stehen können. Mich befiel ein ungutes Gefühl – für einen Moment klebten wir fest, waren wir der unberechenbaren Reaktion der Inselbewohner überlassen. Ihre Pfeile hätten uns erreicht. Beim letzten Mal waren sieben Mann in feindlicher Haltung am Strand erschienen. Was würden wir tun, wenn heute hundert auftauchten? Für diesen einen Moment des Strandens waren wir den Sentinelesen ausgeliefert. Tausend Gedanken schossen mir durch den Kopf. Sollte ich ins Wasser springen, das Boot erleichtern und dadurch wieder flottmachen? Oder die Kamera schußbereit machen und auf den ersten Sentinelesen warten?

Aber an Land zeigte sich kein Sentinelese. Der Wind bewegte die Blätter, das Meer brandete an den Strand, und die zwei Bootsleute bekamen Wasser unter den Kiel. Wir schwammen wieder.

Mit Pfeil und Bogen gegen den Rest der Welt

Ich blickte gerade durch den Sucher meiner Kamera und nahm die Laubhütte auf, als Bewegung zu sehen war. Erst undeutlich, dann klar: Ein Mann kam auf uns zu.

Er mußte sehr selbstsicher sein, denn er ging aufrecht und langsam. Er war tiefbraun und muskulös. An der Stelle, an der der Sand begann, beugte er seine Knie, legte einen etwa zweieinhalb Meter langen Pfeil auf die Sehne und spannte den Bogen. Dann kam er Schritt für Schritt zum Wasser hinunter. Er watete ins Meer, das ihm schließlich bis an die Knie reichte. Er blieb stehen und richtete den Bogen genau auf unser Boot. Der Mann schien zu allem entschlossen.

Vorsichtshalber hob der Soldat seinen Schild, der aus dem Deckel eines Benzinfasses gehämmert war. Auch ich schützte mich durch so ein kreisrundes Stück Blech, legte es aber wieder beiseite und schraube das 75-Millimeter-Teleobjektiv auf meine Kamera. Im Sucher sah ich, daß der Sentinelese ruhig wie ein Denkmal dastand. Starr war sein Blick auf unser Boot gerichtet, die Hand an der gespannten Sehne zitterte nicht einen Moment. Dieser Steinzeitmensch wehrte mit der Waffe, die ihm vertraut war, eine Welt ab, die ihm unheimlich erschien, bis zu den Knien im Wasser, mit Pfeil und Bogen gegen Metallschild und Maschinenpistole.

Plötzlich wieder eine Bewegung im Gebüsch. Im Schatten der Hütte wurde eine zweite Figur sichtbar. Der Sentinelese im Wasser muß geahnt haben, daß er nicht mehr alleine war, senkte den Bogen, nahm ihn zusammen mit seinem Pfeil in die linke Hand und ging genauso aufreizend langsam, wie er gekommen war, zurück zu seiner Hütte. Sekunden später war er verschwunden wie ein Spuk. Der Strand war weiß und leer. Die Hütte sah so verlassen aus wie vor zehn Minuten. Wir Fremden in dem Boot wagten es zum ersten Mal wieder, voll durchzuatmen.

Wir nahmen Fahrt auf und fuhren ein paar Meter näher an den Strand heran. Da war der Mann wieder. Die Entfernung zu ihm mochte sechzig Meter betragen. Gebückt trat er aus dem Schatten, allein, und kam erneut auf uns zu. Pfeil und Bogen trug er in seiner linken Hand, die Pfeilspitze schien aus Metall zu sein.

Monate später, als ich wieder zuhause saß und meine Fotos immer und immer wieder vergrößerte, bis ich das Raster so riesig hatte, daß ich wiederum fast nichts mehr erkennen konnte, sah ich: Der Sentinelese hatte seinem Pfeil eine etwa drei bis vier Zentimeter lange Spitze aufgesetzt, die er vorher dreikantig gefeilt hatte. Ähnliche Spitzen hatte ich bei den Jarawa entdeckt, aber schon nicht mehr bei den Onge.

Der Bogen glänzte hell in der vollen Sonne und hatte die Form einer Blattfeder. Er war so groß wie der Mann selbst (ich schätze 1,60 Meter), an die zehn Zentimeter breit an seiner dicksten Stelle und nur außen – zu uns hin – leicht abgerundet. An den beiden Enden hatte er je zwei Kerben, in denen die Sehnen-Schlingen saßen. Die Sehne bestand aus gedrehten Bastfasern, war mittelbraun und mindestens fingerdick. Die Waffe mußte eine ungeheure Durchschlagskraft besitzen und wirklich fünfzig bis achtzig Meter weit tragen. Erstaunlich allerdings, daß der Bogen an der Stelle, an der ihn der Schütze beim Spannen greifen mußte – also in der Mitte –, fast zu breit war, um ihn mit der Hand zu umfassen. Der Sentinelese nahm den Bogen, wie man ein Brett packt: zwischen den Daumen und die vier Finger.

Die Pfeile mußten fürchterliche Wunden reißen. Der, den der Mann auf uns angelegt hatte – auch das sah ich erst später auf den

Fotos –, war rund, quer geriffelt und deshalb keineswegs glatt, sondern sehr rauh. Vermutlich bestand er aus mehreren Teilen, denn etwa dreißig bis vierzig Zentimeter hinter der Spitze entdeckte ich eine Verdickung. Der Pfeil war also eine Harpune, bei der die Spitze und ein Vorschaft im Opfer stecken blieben, während der Rest des Pfeiles – wohl an einer Schnur – als Ballast gedacht war. Der Schütze konnte dadurch einem nicht tödlich getroffenen Tier leichter folgen. Eine ähnliche Jagdtechnik hatten uns ja schon die Onge auf Klein-Andaman gezeigt.

Der Mann war nackt bis auf einen fünfzehn Zentimeter breiten Gürtel aus einem harten Material, der fest um seine Hüften saß. Möglich, daß er aus einem Stück poliertem und gebogenem Holz bestand. Eine Doppelkette aus dünner Rinde – gelb und etwas steif – schmückte den Hals des Sentinelesen. Wir wollten ihm zeigen, daß unsere Absichten friedlich waren, und warfen Kokosnüsse ins Wasser; nicht zu weit, damit er sich nicht durch die Würfe bedroht fühlte, aber weit genug, um sie als Geschenke erkennen zu können. Der Sentinelese richtete seinen Bogen auf uns, schaute auf die schwimmenden Nüsse und setzte seine Waffe wieder ab. Er änderte seine Haltung, stellte das linke Bein nicht mehr vor das rechte, sondern beide nebeneinander. Aber er nahm die Kokosnüsse nicht an, schwamm ihnen nicht entgegen.

Der Gesichtsausdruck war kritisch. Er kniff seine Augen im Sonnenlicht leicht zusammen und zog die Mundwinkel eine Spur nach unten. Ich deutete seine Miene als Ausdruck der Sicherheit; der Mann war der Überzeugung, daß er uns alle mit seinem Bogen erledigen könnte, wenn er nur wollte. Aber er schonte uns, schoß den Pfeil nicht ab. Der Sentinelese war sich seiner Sache so sicher, daß er umkehrte, uns den Rücken zuwandte und zu dem dürren Baumriesen ging, der vor seiner Hütte lag. Eine Astgabel ragte wie eine überdimensionale Steinschleuder nach oben, und in diese Gabel stellte der Mann sein leicht angewinkeltes linkes Bein. Das rechte stand gestreckt auf einem Ast unter der Gabel. Spielerisch legte er noch einmal den Pfeil auf die Sehne, zielte aber nicht mehr auf uns. Würden wir – als Rechtshänder – den Pfeil nicht auf der rechten Seite des Bogens halten? Der Sentinelese hielt den Pfeil aber auf der linken Seite, zielte also mit geöffnetem linken Auge. – Plötzlich war der Pfeil weg. Keiner auf dem Boot hatte beobachtet, was geschehen war. Alle hatten die ganze Zeit den Mann im Baum im Auge. Aber der hielt nur noch den Bogen in der linken Hand. War ihm der Pfeil entfallen, hatte er ihn nach uns, nach einem Tier oder nur zum Spaß in den Boden abgeschossen? Wir wußten es nicht. Da stand der Mann in dem schneeweiß gebleichten Baumskelett, ließ die Arme herunterhängen und starrte uns stumm an.

Das waren unvergeßliche Augenblicke; ich mußte mir immer wieder vorsagen, daß dies Wirklichkeit war, kein Traum. Denn darüber waren wir uns alle, die in diesem Boot saßen, klar – wir sahen den letzten Platz auf unserer Erde, wo man einen Steinzeitmenschen bei seinem rührenden Versuch beobachten kann, mit Gewalt in seiner Steinzeit zu bleiben. Rührend, weil der Mann so überzeugt war, uns mit einem Pfeil von seiner Insel fernhalten zu können. Was mußte in seinem Kopf vorgegangen sein, als wir in Sicht kamen und uns dem Strand immer mehr näherten? Sicher ahnte er, daß wir nichts Böses wollten, war aber trotzdem voller Mißtrauen. Natürlich wußte er nicht, daß wir eine Waffe an Bord hatten, die seinem Pfeil um Zehntausende von Jahren überlegen war; und hätte er seinen Pfeil abgeschossen, der Deckel einer Blechtonne hätte ihn unschädlich gemacht.

Die Metallspitze war für ihn sicher zu wertvoll, um sie einem Warnschuß ohne sicheres Ziel zu opfern. Er mag die Pfeilspitze zufällig am Strand gefunden haben, als irgendein Teil eines Schiffes oder seiner Ladung angeschwemmt wurde. Wahrscheinlicher ist, daß er die Metallspitze geerbt hat; von seinem Vater vielleicht, und der von seinem Großvater, denn die Zeiten gestrandeter Schiffe gehören der Vergangenheit an.

Unsere Geschenke werden geholt

Dieses Hin und Her dauerte etwa fünfzehn Minuten. Der Rückzug des Sentinelesen war eine Taktik, die auch bei vielen Südsee-Insulanern als ehrenhaft gilt: Wer wegläuft und heile Knochen behält, ist nicht feige; dumm ist aber, wer verwundet wird oder stirbt, wenn kein zwingender Grund dafür besteht.

Der Chief Commissioner, der dieser Szene, die wir erlebt hatten, mit derselben Faszination zusah wie wir, schlug vor, etwas näher an den Strand heranzufahren, aber da stieg König Leopold über die Bananenstauden und Kokosnuß-Säcke, die wir als Geschenke mitgenommen hatten, und sprach mit Harmander Singh. Ich ahnte seine Beweggründe und gab ihm im stillen recht. Er wollte die Sentinelesen in Frieden lassen und den Krieger am Strand nicht weiter irritieren. König Leopold setzte sich durch, und das Rettungsboot nahm seine Fahrt wieder auf.

Wir versuchten, in einen anderen Teil der Lagune zu gelangen. Vielleicht würden wir dort mehr Glück haben, und andere Sentinelesen würden unsere Kontaktgeschenke annehmen. Aber keine Menschenseele zeigte sich. Inzwischen war die Brandung derart unruhig geworden, daß hohe Wellen über Bord schlugen und wir unsere Kameras, die Soldaten das Maschinengewehr schützen mußten. Es wurde beschlossen, abzubrechen und zur »Tarmugli« zurückzufahren. Eine Viertelstunde später standen wir an der Reling und starrten gebannt durch die Feldstecher auf das Festland.

Der Rückzug lohnte sich. Kurz nachdem wir das Rettungsboot

gewendet hatten, war wieder ein Sentinelese an den Strand gekommen. Jetzt sprang er ins Wasser und holte die Kokosnüsse, die immer noch dort schwammen. Vier weitere Männer liefen am Strand entlang. Sie waren offensichtlich soeben von der Jagd zurückgekehrt. Keine dreißig Minuten später erschien ein fünfter Mann. Diese Chance wollten wir uns dann doch nicht entgehen lassen, warfen den Außenbordmotor des kleinen Bootes an und fuhren zurück. Aber kaum waren wir in der Lagune, lag der Strand verlassen da – die Sentinelesen hatten sich in die Hütte oder in den Dschungel zurückgezogen. Wir wollten fünfhundert Meter weiter westlich Säcke mit Kokosnüssen am Strand ablegen. Niemand folgte uns, so schien es, und Bhakhtawar Singh, ein Bootsmann und zwei Soldaten landeten. Vorsichtig gingen sie auf die ersten Büsche des Dschungels zu und deponierten die Früchte dort, wo sie von der Flut nicht zurückgeschwemmt werden konnten. Ich blieb im Boot und meine Gefühle schwankten zwischen ängstlicher Spannung und wissenschaftlichem Interesse. Was wäre, wenn . . . aber würden die Sentinelesen nicht doch aus den Geschenken erkennen . . . nun, warum sollten sie? Nur wenige Meter entfernt von dem Platz, an dem die Früchte lagen, sah ich eine Hütte. Die Sentinelesen würden es sicher nicht wollen, daß wir sie entdeckt hatten.

Weiter links, gegen Nordwesten, hockten zwei dunkle Gestalten im seichten Wasser einer riesigen Bucht mit breitem Sandstrand. Ich rief Bhakhtawar Singh herbei, er kehrte zurück und wir steuerten auf die beiden zu. Aber der Wasserstand wurde immer niedriger und wir kamen mit unserem Boot nicht nahe genug an die beiden Sentinelesen heran. Wir wendeten und wollten zur »Tarmugli« zurückkehren, als im Osten, zwischen Nord-Sentinel und Constance, vier Sentinelesen auftauchten. Sie wateten bis zur Hüfte ins Meer und fischten mit Speeren. Immer wieder stieß einer seine Waffe ins Wasser. Sie fingen auch einige Fische, die sie in einen Korb auf ihrem Rücken warfen.

Behutsam gaben wir Gas und steuerten auf sie zu. Doch die vier bemerkten uns und begannen, mit unglaublicher Schnelligkeit auf das Land zuzuwaten. Es sah aus, als liefen sie um ihr Leben, nur stimmte dieser Eindruck nicht: Sie wußten ja von unserer Anwesenheit und hatten sich von ihrem Entschluß, fischen zu gehen, nicht abbringen lassen. Außerdem kannten sie die Verhältnisse und waren sich im klaren darüber, daß wir nicht so leicht durch die mit Untiefen durchsetzte See schippern konnten.

Wir lagen ganz in der Nähe der Insel Constance, die nur durch eine enge Wasserstraße von Nord-Sentinel getrennt ist. Die vier Fischer standen am Ufer und beobachteten uns. Vier weitere – so entdecken wir jetzt – hatten sich beim Fischen nicht stören lassen. Aber der Seegang war erneut so stark geworden, daß wir umkehren mußten.

Zwei Onge bei den Sentinelesen

Wir waren von allem, was wir bisher gesehen hatten, stark beeindruckt. Immerhin konnten wir von den »hundert, vielleicht mehr« vermuteten Sentinelesen vierzehn sehen, filmen und fotografieren. Allerdings weiß ich nicht, ob die vierzehn, die ich gezählt habe, immer verschiedene Personen waren.

Am eindrucksvollsten war die Begegnung am Morgen, als der einzelne Mann aus dem Dschungel trat, um das Schiff mit den Fremden am Landen zu hindern. Wir ließen ihn mit Absicht in dem Glauben, daß er mit seiner drohenden Haltung und seinem Bogen dieses Ziel erreichte.

Sentinelesen und Jarawa sind bis auf den heutigen Tag mißtrauisch und – wie wir gesehen haben – sogar feindlich. Ich bin überzeugt, daß sie Schiffbrüchige, die sich nicht verteidigen können, auch jetzt noch umbringen würden, so wie sie das vor hundert und zweihundert Jahren getan haben. Aber kann man da von Schuld sprechen? Man denke nur an Käptn Owen, dessen Messerklinge die Eingeborenen voller Neugier in die Hand nehmen wollten, der sie dafür schlug und diese Unbeherrschtheit mit dem Leben bezahlte.

Ist es nicht bezeichnend, daß wir Millionen zum Schutze der bedrohten Tierwelt aufwenden, die Massenmedien mobilisieren, Boykotte ausrufen und die Öffentlichkeit aufschrecken, während auf unserer Erde ganze Stämme vor dem Aussterben stehen? Für sie geschieht nichts. Im Gegenteil! Man denke nur an die »Transamazonica«, jene große Straße, die quer durch den brasilianischen Urwald getrieben wird und die den Indianern des Amazonas-Gebietes ihre letzten Refugien nimmt. Mehr noch – die sie kaltblütig zugrunderichtet. Ich werde immer wieder mit der für mich unbegreiflichen Tatsache konfrontiert, daß der Mensch eher bereit ist, einem bedrängten Tier beizustehen, als einem dem Untergang ausgelieferten Menschen, der sich selbst nicht mehr helfen kann.

Ich habe auf meinen Expeditionen bei vielen Stämmen gelebt und ihre Sitten und Gebräuche studiert, die so sind wie die unserer Vorfahren vor Tausenden von Jahren. Soweit man diese Menschen in ihrer unabhängigen Lebensweise belassen hatte, waren sie davon überzeugt, das glücklichste Dasein zu führen, und sie wünschten sich nichts anderes. Sie kannten keine Unzufriedenheit und keinen Neid, wie wir in unserer Zivilisation. Ob es die Tibeter, die Xingu-Indianer, die Papuas oder die Negritos waren – freie Menschen mit ausreichendem Lebensraum, die wir noch nicht in den Teufelskreis von Wohlstand und Erfolgsstreben verstrickt hatten. Sie alle wird es bald nicht mehr geben, und ich glaube, daß die Sentinelesen die letzten Menschen auf unserer einst so großen Erde sind, die sich unterwerfen würden. Das aber wäre nur mit Gewalt möglich, oder wenn man ihnen den Ozean verseuchte. Sie wehren sich bis zum äußersten und schießen ihre Pfeile ab, die kleine Metallspitzen tragen. Der Sentinelese braucht dazu keinen Mut, denn er ahnt nicht, wie machtlos er ist.

Gegen uns hatte der Mann am Strand gesiegt, weil wir das so wollten. Weil wir gelten ließen, daß diese Menschen gesund und zufrieden in ihren alten, ihnen gemäßen Kulturen leben. Wir wollten diesen Eingeborenen nicht die fragwürdigen Segnungen unserer Zivilisation aufdrängen. Wir hatten den Sentinelesen durch unseren Rückzug in seiner Sicherheit bestätigt und ihn für die Zukunft noch stärker gemacht, noch selbstbewußter. Wir können jetzt nur hoffen, daß in Zukunft keiner die Einfalt dieser Männer am Strand von Nord-Sentinel ausnützt, sondern daß diese »hundert, vielleicht mehr« Menschen auf ihrem winzigen Eiland im Westen der Andamanen auch weiterhin ungestört leben können.

Bisher haben die Sentinelesen alle Versuche einer Kontaktaufnahme scheitern lassen. Dabei ist die indische Regierung äußerst behutsam vorgegangen. Einmal nahm Bhakhtawar Singh zwei Onge mit, näherte sich dem Strand und ließ die beiden Klein-Andamaner einige Wörter ans Ufer rufen. Aber die Sentinelesen reagierten nicht. Im Gegenteil – die Onge zitterten vor Angst und warfen sich auf die Deckplanken, um nicht von Pfeilen getroffen zu werden, wie sie sagten.

Auch der Versuch, Onge und Jarawa miteinander ins Gespräch zu bringen, war ja gescheitert.

Obwohl alle vier Stämme der Andamaner verwandt sind, sprechen sie keine gemeinsame Sprache. Sie verfügen zwar über ähnlich lautende Wörter, sprechen sie aber derart verschieden aus, daß sich vom Klang her ein anderer Dialekt ergibt.

Dies ist eine Feststellung, die mich keineswegs erstaunt, so verwunderlich sie auch klingen mag, bedenkt man, wie isoliert die Andamanen sind. Auf Neuguinea, wo es Hunderte von Stämmen gibt, die scheinbar alle die gleiche Sprache sprechen, reicht ein Bergrücken aus, um die Verständigung auf ein Minimum zu reduzieren. Eingeborene, die in dem einen Tal leben, haben mit den Eingeborenen im Nachbartal nur bestimmte elementare Wörter gemeinsam, wie zum Beispiel Wasser, Maniok und Feuer. Eine echte Verständigung ist nicht möglich. Daß also hier auf den zweihundertfünf Andamaneninseln dasselbe Phänomen auftrat, scheint mir nichts Besonderes zu sein.

Die Briten stellten fest, daß Sentinelesen und Jarawa ähnlich schlafen – beide auf dem Boden –, während die Onge auf einem Bettgestell liegen. Andererseits hält man heute die Sentinelesen für nahe Verwandte der Onge, da beide Auslegerboote besitzen, die Jarawa dagegen nicht. Es ist also denkbar, daß irgendwann einmal Onge Nord-Sentinel besiedelt haben, sei es, daß sie vom Sturm dorthin verschlagen wurden, sei es, daß sie sich vom Südwestwind auf die Insel treiben ließen, wo sie in ihrer Isolation zu jenen Menschen wurden, die sie heute sind, geschützt von der rauhen See, dem Riff und einem unvorstellbar dichten Wald. Nicht ohne Grund heißt Sentinel zu deutsch »Schildwache«.

Abschied von den Andamanen

Als wir am späten Nachmittag einen letzten Blick auf die Ostküste von Nord-Sentinel warfen, lagen zwei Boote der Eingeborenen genau an der Stelle, an der wir die Kokosnüsse und Bananen unter das Ufergebüsch gelegt hatten.

Zum ersten Mal sahen wir die Boote der Sentinelesen, die denen der Onge wirklich täuschend ähnlich waren: die Ausleger, vorn und hinten die Plattformen für den Mann mit der Harpune und die eigenartige Verbindung der Stäbe mit dem Auslegerbalken. Geschickt lenkten die Sentinelesen ihre Boote durch die Brandung.

Von Westen her beleuchtete der riesige Feuerball der Sonne diese friedliche Szene. Ein farbenprächtiger Abschied von der Küste dieser unberührten Insel!

Ich hatte bei meinen Studien auf Grönland vor Jahren festgestellt, daß sich große Vulkaneruptionen im Eis als Jahresringe aus Asche niederschlugen. Ich konnte an den einzelnen schmutziggrauen Schichten genau ablesen, in welchen Jahren sie entstanden waren. Damals war mir besonders der Jahresring aufgefallen, der sich nach dem Ausbruch des Krakatau in der Nacht vom 26. auf den 27. August 1883 gebildet hatte. Natürlich schlägt sich diese Asche nicht sofort nieder; es kann Jahre dauern, bis sie in der Stratosphäre rund um die Erde getragen wird.

Bereits gegen Ende des vorigen Jahrhunderts war den Menschen aufgefallen, daß die Sonnenuntergänge röter geworden waren. Hier, beim Abschied von Nord-Sentinel, trat das gleiche Phänomen auf: Die Staubpartikelchen des De-Fuego-Ausbruches in Guatemala waren in die Stratosphäre geschleudert worden, hatten zwei neue Schichten in sechzehn und zwanzig Kilometer Höhe gebildet und bewirkten, daß die blauen Farbtöne des Spektrums stärker zerstreut wurden als die roten. Die Sonnenuntergänge waren plötzlich röter.

Der prächtige Sonnenuntergang verbreitete eine melancholische Stimmung. Ein Gefühl der Dankbarkeit erfaßte mich. Ich hatte etwas gesehen und erlebt, wonach sich wohl jeder Anthropologe sehnt. Erst jetzt merkte ich, wie sehr ich mich innerlich mit den Andamanern und ihrer Art zu leben angefreundet hatte. Das Privileg war mir geschenkt worden, etwas zu erleben, das ich nie würde vergessen können.

Die Ereignisse der Wochen auf diesen Inseln ziehen an mir vorüber. Diese fast schwarzen Menschen, naiv und selbstbewußt, die schneeweißen Strände mit dem sattgrünen Dschungel dahinter, die Spuren einer alten Kultur bei den Onge, das türkisblaue Meer mit seinen Korallenbänken, die Stadt Port Blair und die klugen Inder, die sich – wie Bhakhtawar Singh – den Eingeborenen gegenüber bewundernswert taktvoll verhalten.

+

Flugplatz Port Blair. Die Motoren laufen, die Türen werden geschlossen, ich sitze in der zweimotorigen Maschine der »Indian Airlines«. Das Abenteuer Andamanen ist vorbei. Sanft hebt sich das Flugzeug und dreht in leichter Schräglage ab. Die Inseln unter mir schrumpfen auf Spielzeugformat zusammen, der Dschungel wird zu einer grünen undurchdringlichen Masse. Andamanen – vorbei, denke ich. Aber der Pilot muß meine Gedanken erraten haben. Er dreht noch einmal und geht vom Kurs ab. Nicht direkt nach Kalkutta oder Rangun, sondern mit einem Umweg über Klein-Andaman, Nord-Sentinel, die Strait-Insel und Mittel-Andaman.

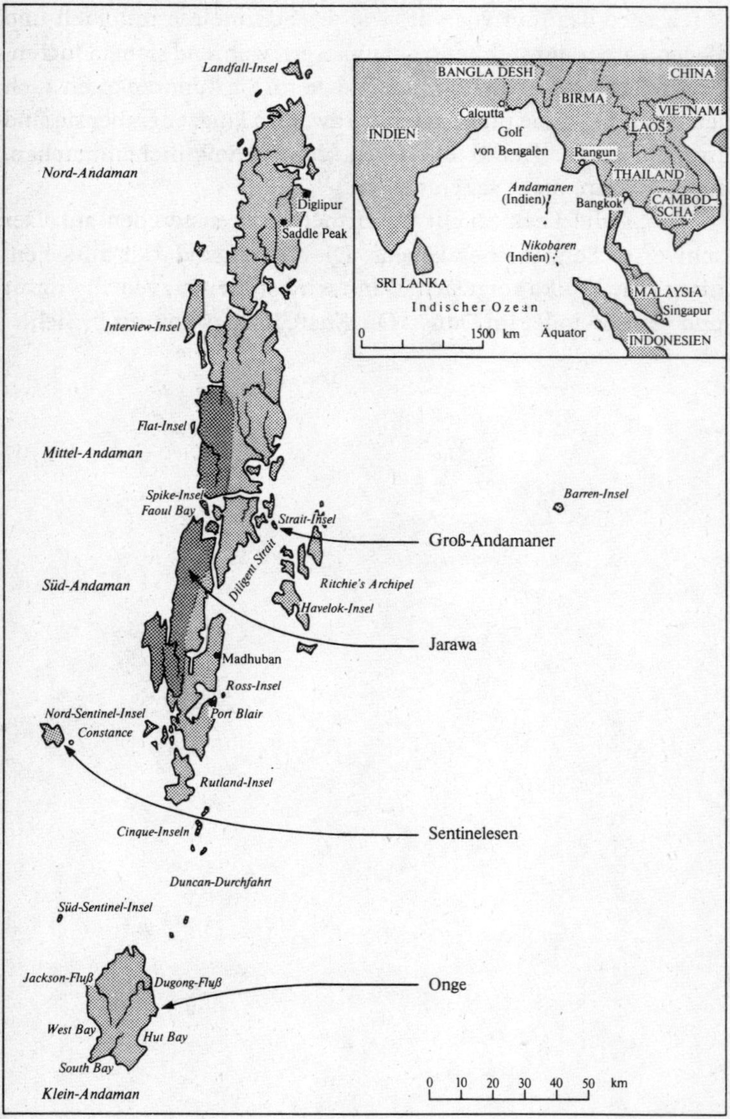

BANGLA DESH
CHINA
BIRMA
VIETNAM
Calcutta
INDIEN
Golf
von Bengalen
LAOS
Rangun
THAILAND
Andamanen
(Indien)
Bangkok
CAMBOD-
SCHA
Nikobaren
(Indien)
SRI LANKA
MALAYSIA
Indischer Ozean
Singapur
0
1500 km
Äquator
INDONESIEN
Landfall-Insel
Nord-Andaman
Diglipur
Saddle Peak
Interview-Insel
Flat-Insel
Mittel-Andaman
Spike-Insel
Faoul Bay
Barren-Insel
Strait-Insel
Groß-Andamaner
Diligent Strait
Süd-Andaman
Ritchie's Archipel
Havelok-Insel
Jarawa
Madhuban
Ross-Insel
Port Blair
Nord-Sentinel-Insel
Constance
Rutland-Insel
Cinque-Inseln
Sentinelesen
Duncan-Durchfahrt
Süd-Sentinel-Insel
Jackson-Fluß
Dugong-Fluß
Onge
West Bay
Hut Bay
South Bay
Klein-Andaman
0 10 20 30 40 50 km

Ich sehe das Bild vor mir, wie der Sentinelese mit Pfeil und Bogen am Strand steht und auf uns zielt, während sicher Dutzende seines Stammes im Dschungel lauern. Sie konnten mich auch jetzt sehen. Ich sie nicht. Ich sitze zwar im Flugzeug, aber sie sind mir überlegen. Derart überlegen, daß sie uns nicht brauchen, nicht wollen, nicht sehen wollen.

Der Saddle Peak taucht unter meinem Fensterchen auf. Der schwerste Berg meines Lebens. Die Gipfel sind klar zu sehen, nicht eine Wolke zeigt sich. Dann wird er kleiner, verschwimmt und verschwindet im Dunst. Die Küste Birmas kommt in Sicht.

Literatur

M. C. C. Bonington, Census of India, 1931, Band II: The Andaman and Nicobar Islands. Calcutta 1932.
S. Bose, Economy of the Onge of Little Andaman. Man in India, Heft 44 (1964) S. 298–310.
Lidio Cipriani, The Andaman Islanders. London 1966.
C. Boden Kloss, The Andamans and Nicobars. Delhi 1971.
Local Gazetteer, The Andaman and Nicobar Islands. Calcutta 1908.
E. H. Man, The Nicobar Islands and their People. o. J.
K. K. Mathur, Nicobar Islands. Delhi 1967.
Xavier Misonne/Jean-Pierre Gosse, Andaman. Brüssel 1975.
F. J. Mouat, Adventures and Researches among the Andaman Islanders. London 1863.
National Geographic, Band 148, Nr. 1, Juli 1975.
T. N. Pandit, A Note on the Sentinel Islanders, unveröffentlicht.
The Ecological and Cultural Adaptations of the various Ethnic Groups in the Andaman and Nicobar Islands. Calcutta 1968.
M. V. Portman, The Exploration and Survey of the Little Andaman. 1888.
P. K. Sen, Land and People of the Andamans. Calcutta 1962.
S. K. Sharma, Census of India, 1961, Band XVII: Union Territory of Andaman and Nicobar Islands, New Delhi 1964.
M. D. Srinivasan, Sons of the Light. Delhi 1962.
A. R. Radcliffe Brown, The Andaman Islanders. Illinois 1948.